KB190647

아슬아슬한 희망

아슬아슬한 희망
—

1판 1쇄 펴냄 2014년 11월 12일
1판 2쇄 펴냄 2016년 05월 20일

지은이 김기석
펴낸이 한종호
디자인 임현주
인 쇄 영림인쇄

펴낸곳 꽃자리
출판등록 2012년 12월 13일
주소 의왕시 전주남이 4길 17, 102동 804호(오전동 동문굿모닝힐아파트)
전자우편 amabi@daum.net
블로그 http://fzari.com

Copyright ⓒ 김기석 2014

* 이 책은 저작권법에 따라 보호받는 저작물이므로 무단 전제와 복제를 금합니다.
* 저자와의 협의에 따라 인지를 생략합니다.
* 잘못된 책은 바꾸어 드립니다.

—

ISBN 978-89-9698-987-5 03230
값 15,000원

아슬아슬한
희망

김기석 지음

꽃자리

아이 같은 마음으로
살아가는 사람

'한국어로 하는 가장 아름다운 설교.'

　김기석 목사의 설교를 두고 교회 안팎에서 회자되는 말이다. 이 책에 담긴 '주옥'들은 왜 그의 설교에 상찬이 이어지는가를 웅변해준다. 김 목사의 글은 무엇보다 당신의 모습만큼 겸손하다. '가장 아름다운 설교'를 한다는 김 목사는 엉뚱하게 '지렁이'에 질투를 느낀다.

　"가끔 지렁이를 질투한다. 지렁이는 나뭇잎, 풀, 쓰레기 등 버려진 유기물을 제 몸무게만큼 먹어치우는 생태계의 청소부이다. 해로운 미생물을 제거하고 기름진 분변토를 내놓아 토양을 기름지게 한다. 그런가 하면 흙 속에 길을 내서 토양에 공기와 수분이 드나드는 통로를 만들기도 한다. 이런 지렁이를 닮을 수 있을까? 내게 주어진 일상의 모든 것들을 내 속으로 끌어들여 정화한 후 그것을 세상의 선물로 내놓을 수 있을까?"

지렁이를 보며 삶을 수업하는 목사는 아름다울 수밖에 없지 않을까. 인생을 깊이 천착하는 혜안도 눈부시다. "시간 속의 멀미, 이게 예토에 살고 있는 인간이 피할 수 없는 운명"이라고 본 당신은 "멀미를 잊으려면 환상이 필요하다"며 사람들이 돈과 권력과 명예와 쾌락을 탐하는 까닭은 이 때문이라고 날카롭게 통찰한다. 하지만 환상에서 깨어나면 공허감은 더욱 깊어 간다고 경고한다. '우리 시대의 목사' 김기석은 가을 산이 곱게 물들고, 줄가리만 남은 나무들의 치열한 겨울나기가 시작될 때도 "희망조차 없이 휘뚝거리며 살기엔 세상이 너무 척박"한 사람들을 떠올린다. 이어 '그들에게 착한 노래를 불러줄 사람은 누구인가?' 묻고, "아이 같은 마음으로 살아가는 사람이 더욱 그리운 시대"라고 토로한다.

이 책의 첫 독자로서 감히 증언하거니와 김기석 목사야말로 바로 이 '아이 같은 마음으로 살아가는 사람'이다. 그는 틈만 나면 마당가에 나가 새싹을 살피면서 "누구보다 먼저 봄과 눈맞춤 하고 싶다는 속 좁은 바람"을 털어놓곤 한다. 그래서 "작을 '소'자 모양으로 돋아날 새싹이 외로울까 봐 안달이냐는 아내의 꾸지람쯤은 건듯 미소로 퉁겨"내고 "겨우 밑동만 남은 채 겨울을 난 씨도리배추에 노란 장다리꽃 피어날 날을 눈물겹게 기다린다." 이러한 감수성을 가진 그이지만, 결코 '감상 속'에 머물지 않는다. 세월호 참사 앞에서 한국교회를 저마다 '대표'한다는 목사들이 "가난한 집 학생들이 불국사나 가지 왜 제주도로 여행을 가다가 사고를 냈느냐"라거나 "세월호 사고를 좋아하는 세력은 종북 좌파들이다. 추모식은 집구석에서 해야지 왜 광화문 사거리에서 광란을 피우느냐?" 따위의 망언을 일삼을 때, 그는 방송에 출연해 "너무 권력의 언어에 익숙해진 것"이라고 준엄하게 꾸짖는 목사다. 신문에 칼럼을 쓰며 "한 대형 교회의 원로목사는 사기미수 혐의로 법정 구속되었고, 또 다른 젊은 스타 목사는 성추문에 연루되어 망신을 당하고 있다. 허장성세를 거두고 본질에 충실하지 않는 한 언제든 종교는 그리고 정치는 타매의 대상으로 전락할 수 있다"고 예언하는 당당한 목사다.

이 책에는 나를 부끄럽게 한 대목도 있다. '출퇴근길에 통과하게 되는 대학거리'에서 씩씩하게 걸어가는 새내기들을 보며 김 목사는 "시간의 볼모로 살아온 지난 몇 해의 기억은 아예 사라진 것일까? 아직 권태의 침입을 받지 않은 눈길엔 호기심이 가득하고, 생기발랄한 웃음소리는 종소리 같다. 두툼한 책을 옆구리에 끼고 자랑스레 걷는 그들의 얼굴에는 새로운 문을 열어젖히는 이의 설렘이 있다"고 쓴다. 이어 "그 문이 부디 희망의 문이기를. 저절로 기도하는 심정이 된다. 희망을 향해 걸어가는 저들에게 오랜 행군을 견디어 낼 발을 허락해달라고, 어떤 시련이 와도 정복될 수 없는 난공불락의 요새가 저들의 마음마다 세워지게 해달라고, 현실 논리에 자발적으로 투항하거나 길들여지지 않는 살아있는 생명이 되게 해달라고 빌고 또 빈다."

고백하거니와 명색이 대학교수로 '종교 커뮤니케이션'을 가르치고 있는 나는 새내기들 앞에서 그렇게 기도하지 못했다. 내가 아는 '지식'을 그들과 나누면서 기껏해야 내가 선 '자리'의 정당성에 회의를 느꼈을 따름이다.

하지만 김 목사는 씩씩하다. 지렁이에 질투를 느끼고 '씨도리배추에 노란 장다리꽃 피어날 날을 눈물겹게 기다리는' 그의 가슴은 단호하게 외친다. "스스로 자기 삶의 입법자가 되어 새로운 생의 문법을 만들어가는 사람, 전사가 되어 낡은 가치를 사정없이 물어뜯고 뚜벅뚜벅 자기 길을 걸어가는 사람, 사람들이 가장 귀하게 여기는 것을 버리고 그들이 가장 두려워하는 것을 기꺼이 끌어안는 성스러운 반역자들. 새로운 세상은 그들을 통해 도래한다."

김 목사가 교회의 '상투어'를 넘어서는 까닭도 새로운 세상을 더불어 꿈꾸기 위해서다. 그가 본 예수는 "상투어로 변해버린 율법의 언어를 깨뜨려 생명을 담지한 말로" 빚어냈다. '오늘 목회자들의 과제가 있다면 상투어로 변해버린 종교적 언어를 우리의 일상 언어로 새롭게 번역하는 일'이라는 그의 겸손한 제언이 고스란히 구현된 언어들로 이 책은 가득하다. 교회를 나가는 모든 교인들에게 일독, 아니 정독을 권한다.

손석춘 | 건국대학교 교수

추천의 글 2

살뜰스럽고 몰강스러운 세파에
휘둘리는 이들에게

또 터졌습니다. 지난 10월 17일 케이 팝 공연을 즐기던 판교 시민들 16명이 참변을 당했습니다. 경주의 코오롱 마우나 리조트에서 대학생 열 명이 숨진 2월 17일과 배 타고 제주로 가던 학생들과 여행객들 삼백네 명이 물에 잠긴 4월 16일에 이어 올해 세 번째 대형 참사입니다. 지붕이 폭삭 주저앉고 배가 갑자기 자빠져 가라앉고, 딛고 섰던 밑창이 무너져 내리면서 그런 일들이 벌어졌습니다. 겉으로 보기에는 퍽 든든해 보이고 게다가 매끈하기까지 한 것들이 저리도 속절없이 주저앉고, 가라앉고, 내려앉습니다. 어느 구석하나 믿고 맡길 만한 자리가 없습니다. 대한민국 전체가 거대한 싱크 홀입니다. 외신에서는 이런 한국을 더 이상 '위험사회'가 아니라 '사고사회' '재난사회'라고 부릅니다. 그런 소리를 들어도 할 말이 없습니다. 남들 같으면 몇 년에 한 번 생길까 말까 하는 참사가 시도 때도 없

이 벌어지고 있으니까요. 언제 차례가 닥칠지 몰라 불안하기도
하지만 무엇보다 사는 꼴이 너무나 초라해져서 지내기가 힘듭
니다.

성경을 보면 사람에 대한 하나님의 실망이 이만저만한 게
아닙니다. 사람 하는 짓이 하도 엉뚱해서 그렇습니다. 아버지
가 아들에게 오늘은 포도밭에 가서 일을 좀 하자고 부탁했지
만 앞에서만 알았다고 했을 뿐 종일토록 서성거린 곳은 거기
가 아니었습니다(마태복음 21장). 임금님이 풍성한 잔치를 차려놓
고 와서 즐기자고 여러 번 불렀지만 사람들은 정성을 다해서
차려놓은 상을 보기 좋게 걷어차 버렸습니다(마태복음 22장). 함
께 일 좀 하자고 해도, 더불어 놀아보자고 해도 번번이 하나님
을 무시하고 슬프게 하는 게 사람의 역사일까요? "송이송이 좋
은 포도가 맺기를 바랐는데 어찌하여 시고 떫고 쓰기만한 들
포도를 맺었느냐?"(이사야 5:4)하시는 하늘의 탄식과 "이 세대는
악한 세대로다!"(누가복음 11:29)하시는 쓰라린 판정을 용케 피했
던 시대가 언제 있기나 했을까요?

그 아래에서는 언제고 근심 없이 잠들 수 있는 지붕 하나, 맘
놓고 내 자식의 몸을 실어 보낼 배 한 척, 앞이 가려서 보이지
않을 때 밟고 올라설 디딤돌 같은 그런 '하나'가 간절합니다.
춥고 어둡고 숨 막힐 때 돈으로는 천금을 주고도 살 수 없는
'그것' 하나를 불쑥 꺼내놓는 것이 종교의 사명입니다. 사람이

사람을 믿지 못하게 되었을 때, 그래도 사람에게는 사람만이 약이며 밥이며 물이 된다는 사실을 알려주는 일이야말로 종교의 할 일입니다. "도대체 이게 사람이란 말인가?" 하고 물을 수밖에 없는 순간에도 사람의 아름다움에 눈뜨게 해주는 이가 있다면 그런 이를 우리는 성직의 사람이라고 부릅니다.

여기 김기석 목사님이 인생의 딱딱한 수수께끼들을 오랜 시간 생각의 우물에 담갔다가 불리고 풀어서 마련한 아름다운 수필과 결기어린 글들이 있습니다. 그 안에는 또 함초롬이 깊은 사색에 머물게 하는 시가 들어 있습니다. 산문과 시가 마치 달걀의 흰자와 노른자처럼 조화롭게 어울려 군침이 돌게 만듭니다. 읽을수록 힘이 나고 웃음이 나고 신이 납니다. "자자이 점점이요, 구구이 관주로다"라더니 매 문장마다 밑줄을 그어가며 읽게 만듭니다. 살똥스럽고(말이나 행동이 독살스럽고 당돌한) 몰강스러운(억세고 모지락스럽게 차마 못할 짓을 하는) 세파에 시달리느라 기진맥진하신 당신께 분명 위로가 되리라 믿습니다. 이 책에서 말하는 것은 처음부터 끝까지 사람 이야기입니다. 누가 사람인지, 사람이 함께 사는 이유가 무엇인지, 사람이 정말 이룰 일이 무엇인지 실로 오랜만에 쉽고 편하고 즐겁게 배웠습니다.

김인국 | 천주교정의구현사제단 대표, 청주 성모성심성당 신부

예기치 않은
방문객처럼

어린 시절부터 뻘밭을 기어간 게 발자국이나, 눈밭에 난 새들의 발자국을 볼 때마다 실체는 없고 흔적만 남은 그 광경에 마음이 가곤 했다. 어쩌면 그것은 '있음'과 '없음' 사이에 놓인 삶의 무상함에 대한 본능적 자각이었는지도 모르겠다. 특히 무더운 여름 날, 한 차례 소나기가 지나간 후 신작로에 생긴 작은 물웅덩이 바닥을 온 몸으로 기어간 지렁이의 흔적을 보면 알 수 없는 슬픔이 마음 가득 밀려왔다.

그 슬픔의 내력에 대해 살필 능력은 그때도 지금도 없다. 하지만 온 몸으로 바닥을 기어가는 것들에 대한 이상한 연민은 그때부터 내 속에 확고히 자리잡았던 것 같다. 시간과 영원, 내재와 초월, 거룩한 것과 속된 것 사이의 긴장을 예민하게 의식할 수밖에 없지만, 이 둘을 통합할 수 있는 개념을 찾기가 쉽지 않았다.

그러던 중 어느 철학자가 '포월匍越'이라는 개념을 소개했을 때 '이거구나' 했다. 기어서 넘기!

시간과 영원, 내재와 초월은 거룩한 것과 속된 것은 구별되지만 분리된 것은 아니다. 발 딛고 살아가는 이 땅의 현실을 외면한 채 하늘을 말할 수는 없었다. 또 하늘을 말하지 않고는 땅의 희망을 말하기 어려웠다. 칼 야스퍼스는 철학의 과제를 '포월자의 암호를 해독하는 것'이라 말한다. 그 암호는 물론 세상과 인간이 빚어내는 삶의 풍경일 것이다. 암호를 해독하는 이가 없어도 현실은 계속되지만 삶은 납작해지게 마련이다.

마종기 시인은 '시인의 용도'는 무엇이냐고 신에게 묻는다. 세계 도처에서 하루도 쉬지 않고 살인이 벌어지고 총소리가 그치지 않는 세상에서 시인은 무력감을 느낀다. 시는 정말 무력하기만 한 것일까? 그렇지 않다. 시인은 우리가 사용하는 일상의 언어를 재배치하여 무심히 흘러가는 삶의 한 순간을 잊을 수 없는 순간으로 변화시킨다. 잠시라도 시적 광휘에 눈을 뜬 사람은 일상적 시간 너머의 시간을 알아차린다. 감히 시인의 자리를 탐하지는 않는다. 다만 우리 현실 속에 하늘의 빛을 끌어들이고 싶기는 하다.

인간이라는 존재는 여인숙과 같다.

매일 아침 새로운 손님이 도착한다.

기쁨, 절망, 슬픔,

그리고 약간의 순간적인 깨달음 등이

예기치 않은 방문객처럼 찾아온다.

13세기 아랍의 신비주의 시인인 루미의 시 〈여인숙〉의 한 대목이다. 얼마나 놀라운가? 시간의 물결을 타고 넘실넘실 우리에게 다가오는 모든 것을 그는 '새로운 손님'이라 말한다. 반가운 손님일 수도 있고 그렇지 않은 손님일 수도 있다. 그런데 시인은 "그 모두를 환영하고 맞아들이라"고 말한다. 슬픔을 가져오는 자이든, 난폭한 자들이든 그들을 웃으며 맞아들이고, 누가 들어오든 감사하게 여기라는 것이다. 왜 그래야 하는가? 루미는 "모든 손님은 저 멀리서 보낸 안내자들"이라고 답한다. 무르익는다는 것이란 이런 것일까? 아직도 갈 길이 멀다.

가끔 지렁이를 질투한다. 지렁이는 나뭇잎, 풀, 쓰레기 등 버려진 유기물을 제 몸무게만큼 먹어치우는 생태계의 청소부다. 해로운 미생물을 제거하고 기름진 분변토를 내놓아 토양을 기름지게 한다. 그런가 하면 흙 속에 길을 내서 토양에 공기와 수분이 드나드는 통로를 만들기도 한다. 이런 지렁이를 닮을 수 있을까? 내게 주어진 일상의 모든 것들을 내 속으로 끌어들여 정화한 후 그것을 세상의 선물로 내놓을 수 있을까?

오랫동안 글을 써왔다. 그 글이 불통을 강화하는 것이었는지, 소통의 문을 여는 것이었는지를 곰곰이 생각해본다. 물론 글을 쓴다는 것은 소통을 전제로 하는 행위다. 소통은 막힌 것을 뚫고 닫힌 것들을 열어젖히는 것이다. 소통하기 위해서는 경계선을 넘나들 수 있어야 한다. 그 경계선을 넘어서지 않는 한 의식의 개화는 불가능하다. 이 작은 글 모음은 경계선을 가로지르기 위해 애써온 내 의식의 흔적이다. 뻘밭을 기어간 것처럼 지리산가리산 어지럽지만 그저 한 사람의 몸부림으로 읽어주면 좋겠다.

사방에 흩어져 있던 글들을 모으고, 또 그것을 가려내 책으로 엮어준 꽃자리출판사의 한종호 대표에게 감사하다. 희망의 멋진 소식으로 이 세상을 방문한 외손녀 예빈이에게 이 책을 주고 싶다.

푸른 언덕에서 저자

차례

1. 샛별을 품에 안고

2. 빛의 알갱이 되어

샛별을 품에 안고 /

히브리의 한 시인은 "인생은 그 날이 풀과 같고, 피고 지는 들꽃 같아, 바람 한 번 지나가면 곧 시들어, 그 있던 자리마저 알 수 없는 것"이라고 노래했다. 삶이 참 무상하다. 그럼에도 불구하고 내가 지금 여기에 없지 않고 있다는 사실은 얼마나 놀라운가. 무상한 삶을 살면서도 불멸의 의미를 추구한다는 것은 또 얼마나 놀라운 일인가. 내가 기적인 것처럼, 지금 우리 앞에 있는 모든 이들은 기적이다.

생명은
기적이다

아침 출근길에 종종 마주치는 이들이 있다. 어떤 이들과는 눈인사를 나누기도 하지만, 그렇지 못한 이들도 있다. 초등학교 저학년 때부터 헤어스타일이 남달라 눈에 띄던 아이가 있었다. 남학생인데도 새초롬한 표정을 짓고 있어 인상적이었는데, 그 아이가 자라 이제는 의젓한 고등학생이 되었다. 그 학생과 마주칠 때마다 세월이 그렇듯 빠르게 흘러가고 있음을 실감한다. 곁을 지나치며 그 학생을 위해 화살기도를 날린다.

저 학생의 가슴 속에 하늘의 따뜻한 기운과
생기를 불어넣어주십시오.

언덕 위에 있는 학교 후문에 마치 풍경처럼 서 계신 분이 있다. 처음에는 선생님인 줄 알았지만, 그는 학생들의 안전한 등

교를 돕기 위해 자원봉사를 하는 분이었다. 그는 벌써 여러 해째 그 자리에 서 있다. 처음부터 눈인사라도 나눴더라면 좋았을 것을, 매일 마주칠 때마다 괜히 무안해져서 누가 먼저랄 것도 없이 슬쩍 눈길을 피하곤 한다. 소심한 내 성격을 탓할 수밖에 없다. 괜히 빚진 마음이어서 어느 날부터인지 그분의 모습이 보이면 나도 모르게 화살기도를 날린다.

저 아름다운 헌신을 기억해주시고,
부디 건강 잃지 않게 지켜주십시오.

아침마다 집을 나서 하루 종일 공원을 산책하는 아주머니도 가끔 마주친다. 마주친다고 했지만 그 아주머니는 남들과 절대로 시선을 섞지 않는다. 땅만 바라보며 아주 이상한 음률과 언어로 흥얼거릴 뿐이다. 남들의 시선은 전혀 의식하지 않는다. 자기만의 세계 속에 유폐되어 있는 게 분명하다. 그분을 볼 때에도 절로 화살기도를 날리게 된다.

저 가슴에 깃든 어둠이 있다면 그것을 빛으로 바꿔주십시오.

보행이 임의롭지 않은 할머니도 가끔 마주친다. 숨이 가쁘신지 10여 미터 걷고는 멈추어 서시곤 한다. 하지만 그 얼굴에는 짜증도, 권태도, 원망도 없다. 멈추어 설 때마다 옆을 지나치는 이들을 물끄러미 바라보면서 미소를 건네신다. 활기차게 걷는 젊은이들을 부러워하는 것일까? 가끔은 축대 사이에 핀 풀꽃에도 세심한 눈길을 준다. 마치 그것을 보기 위해 멈춰 선 것처럼. 얼굴에 주름은 많지만 그 얼굴빛이 그렇게 해맑을 수가 없다. 그 할머니를 보면서 또 화살기도를 날린다.

저 할머니의 느린 발걸음이 닿는 곳마다
사랑의 샘이 솟아나게 해주십시오.

며칠 전에도 그 할머니와 마주쳤다. 문득 서홍관의 시 〈어머니 알통〉이 떠올랐다.

나 아홉 살 때
뒤주에서 쌀 한 됫박 꺼내시던 어머니가 갑자기
"내 알통 봐라" 하고 웃으시며
볼록한 알통을 보여주셨는데,

지난 여름 집에 갔을 때
냉장고에서 게장 꺼내주신다고
왈칵 게장 그릇 엎으셔서
방이 온통 간장으로 넘쳐흘렀다.
손목에 힘이 없다고,

이제 병신 다 됐다고,

올해로 벌써 팔십이시라고.

세월이 참 무상하다. 하지만 그게 인생인 걸. 살아있는 것은 다 신비하다. 자연 다큐멘터리를 넋이 빠진 채 볼 때가 있다. 건기가 되어 오랫동안 먹이를 구하지 못한 육식동물들이 숨을 헐떡이는 모습을 보면 가슴이 저릿하다. 풀을 뜯으면서도 귀를 쫑긋쫑긋 하며 경계심을 늦추지 못하는 초식동물들을 보면 애처롭다. 모두가 살려는 생명이다. 민물고기들이 산란하는 모습을 본 적이 있다. 암컷 물고기는 수심이 너무 깊지도 낮지도 않은 곳을 선택한다. 수심이 너무 깊으면 산소 공급이 되지 않아 부화율이 떨어지고, 수심이 얕으면 천적들의 공격을 받기 쉽기 때문이다. 유속도 아주 중요한 고려 요소이다. 물살이 너무 빠르면 알이 떠내려가기 쉽고, 너무 느리면 유기물이 달라붙어 부화를 방해하기 때문이다. 모든 것이 적당해야 생명은 건강하게 자랄 수 있다.

히브리의 한 시인은 "인생은 그 날이 풀과 같고, 피고 지는 들꽃 같아, 바람 한 번 지나가면 곧 시들어, 그 있던 자리마저 알 수 없는 것"이라고 노래했다. 삶이 참 무상하다. 그럼에도 불구하고 내가 지금 여기에 없지 않고 있다는 사실은 얼마나 놀라운가. 무상한 삶을 살면서도 불멸의 의미를 추구한다는 것은 또 얼마나 놀라운 일인가. 내가 기적인 것처럼, 지금 우리 앞에 있는 모든 이들은 기적이다. 그렇기에 누구도 함부로 대할 수 없다. 자기 생명이 기적인 줄 모르는 이들만이 타자를 함부로 대한다. 그들은 내면의 허무주의자들이다. 그런 이들을 떠올리며 다시 한 번 화살기도를 드린다.

저분들도 생명의 신비에 눈뜨게 해주십시오.

하늘의 북소리를
듣는 이들

수정처럼 맑은 강물 밑바닥에 여러 가지 생물들이 마을을 이루고 살고 있었다. 강물은 모두 위를 조용히 흘렀다. 생물들은 강바닥의 나뭇가지와 바위를 꼭 붙들고 있었다. 매달리는 것은 그들의 생활 방식이었고, 흐름에 저항하는 것은 그들이 태어날 때부터 배운 것이었기에 누구도 다른 삶의 방식은 생각할 수 없었다. 어느 날 한 생물이 말했다. "나는 매달리는 것에 싫증이 났다." 그는 어느 순간 숨을 깊이 들이 쉰 다음 바위를 잡고 있던 손을 놓았다. 강물은 그를 넘어뜨려 바위에 내던졌다. 그래도 생물이 매달리기를 거부하자 흐름은 그를 들어올려 자유롭게 해주었다. 생물은 흐름에 몸을

〈 헨리 데이빗 소로우는 모두가 발을 맞추어 행진하는 대열에서 벗어나 딴 길로 가는 이가 있다면 그는 다른 고수의 북소리를 듣고 있기 때문이라고 했다. 시대는 세상의 북소리가 아닌 하늘의 북소리를 듣는 이들을 부르고 있다. 굳게 붙잡고 있던 욕망의 바위를 놓고 흐름을 타고 살아가는 '순천順天'의 사람들이야말로 새 시대의 주역이다.

맡긴 채 자유롭게 유영했다. 하류의 강바닥에 살고 있던 군생들은
자기들과 똑같은 모양의 생물이 흐름을 타고 있는 것을 보고 놀랐
다. "기적을 보라. 우리와 똑같은 생물이지만 그는 날고 있다." 군
생들은 자유롭게 흐르고 있는 생물을 향해 외쳤다. "오셔서 우리
모두를 구원하소서." 그 생물이 시야에서 사라지자 남은 생물들은
여전히 바위에 매달린 채 구세주의 전설을 만들었다.

리차드 바크의 소설《환상》에 나오는 한 대목이다. 새삼스럽
게 이 이야기가 떠오른 것은 오늘 우리 사회가 늙어버렸다는
생각이 들었기 때문이다. 시인 김수영은 불온함이 젊음의 특색
이라고 했다. 그런데 지금 우리 곁에는 불온한 이들을 만나기
어렵다. 표정이 험하고 눈빛이 거친 사람이 없다는 말이 아니
라, 인습적인 삶의 관행과 가치관을 거절하는 이가 많지 않다
는 말이다. 사욕을 제거하고 천리와 하나 되기 위해 노력했던
선인들의 노력은 옛 사람의 허구로 남아버린 것 같다. 매달리
는 것이 생활방식이었던 강바닥의 생물들처럼 우리는 기존 질
서가 부여한 가치관에서 한 치도 벗어나지 못한 채 부박한 생
존에 골몰한다. 욕망의 확대 재생산을 본질로 하는 자본의 논
리가 자연의 순환을 차단하고, 시간의 축적인 문화를 파괴해도
사람들은 화를 내지 않는다. 욕망의 특색은 도취와 중독이다.
욕망에 중독된 영혼은 파괴되는 문화와 자연을 위해 울지 않
는다.

한 때 불에 타 무너져 내린 숭례문 앞에 국화꽃을 바치고 땅을 치며 우는 이들을 보았다. 숭례문은 자신의 몸을 태워 메말랐던 이 땅의 울음을 깨우려 했던 것인가? 부재의 체험이야말로 존재의 존재됨을 가장 깊이 일깨운다. 누군가에게 책임을 떠넘기려는 정치인들의 작태야 늘 보던 풍경이니 할 말도 없다. 지금은 가슴을 치며 울어야 할 때다. 숭례문의 울음 속에서 우리는 "사십 일만 지나면 니느웨가 무너진다"는 요나의 외침을 듣는다. 개발의 그늘에서 소외된 이들의 피울음이야말로 사회 불안의 뿌리임을 깨닫는다. 요나의 외침에 귀를 기울인 것은 백성들이었다. 그들이 일어나 금식을 선포하고, 굵은 베옷을 입은 채 참회하자, 임금도 걸치고 있던 옷을 벗고 잿더미에 앉아 회개했다. 변화의 순서는 분명하다. 백성이 먼저 깨어나야 지도자도 정신을 차린다.

헨리 데이빗 소로우는 모두가 발을 맞추어 행진하는 대열에서 벗어나 딴 길로 가는 이가 있다면 그는 다른 고수의 북소리를 듣고 있기 때문이라고 했다. 시대는 세상의 북소리가 아닌 하늘의 북소리를 듣는 이들을 부르고 있다. 굳게 붙잡고 있던 욕망의 바위를 놓고 흐름을 타고 살아가는 '순천順天'의 사람들이야말로 새 시대의 주역이다.

상투어
깨뜨리기

세상은 말씀으로 빚어졌다. "빛이 있으라!" 하나님의 장엄한
명령이 떨어지자 빛이 생겼다. 언어는 없음과 있음을 매개한
다. 세상에 존재하는 모든 것들은 에너지로 가득 찬 말씀이다.
인간의 인간됨은 어쩌면 그 숨겨진 말씀을 해독하는 데서 빚
어지는 것인지도 모르겠다. 하나님이 흙으로 빚으신 동물들을
아담 앞으로 이끌고 왔을 때 아담은 그 동물들의 특성에 맞게
이름을 붙여주었다. 이름을 붙이기 위해서는 각각의 대상을 깊
이 바라보지 않으면 안 된다. 대상을 깊이 바라볼 때 사람은 누
구나 그 존재에 경탄하지 않을 수 없다. 어느 날 깊은 잠에서
깨어난 아담은 자기 앞에 있는 낯선 존재를 경이에 찬 눈으로
바라보았다. 그러자 내면 깊은 곳에서 아름다운 사랑 노래가
터져 나왔다.

이는 내 뼈 중의 뼈요 살 중의 살이라.

아담이 최초로 만든 문장은 사랑의 찬가였다. 놀랍지 않은 가? 언어는 이처럼 존재와 존재를 이어주는 것을 본령으로 한 다는 암시일까?

하지만 죄가 유입되면서 인간의 언어는 변질되기 시작했다. 사랑의 언어는 자기중심적인 변명의 언어가 되었고, 소통의 수 단이던 언어는 불통을 강화하는 도구가 되고 말았다. 권력으로 변한 언어는 의미를 독점하려 할 뿐 아니라 차이를 불온시한 다. 벽돌과 역청으로 빚어진 바벨탑이 그 상징이다.

'클리셰', 문학에서 진부한 상투어를 가리키는 말이다. 이 단 어는 서적을 인쇄할 때 사용하는 연판鉛版을 가리키는 프랑스 어에서 유래한 말로 '판에 박은 문구'를 뜻한다. 클리셰는 문학 뿐만 아니라 일상 언어 곳곳에 배어있다. 결혼식 인사말에서 흔히 듣는 '공사다망하신 데도 불구하고…'가 그러하고, 자신 의 욕망에 충실하게 복무하면서도 나라와 민족이라는 대의명 분을 앞세우는 정치인들의 수사가 그러하다. 그러한 상투어가 발화될 때면 듣는 이들은 누구도 그 말에 깊이 귀를 기울이지 않는다. 어차피 빈 말임을 알기 때문이다. 누군가의 가슴에 내 적 감흥을 일으키지 않는 말처럼 슬픈 것은 없다.

문제는 종교적인 언어이다. 설교단에서 매 주일 선포되는 말 씀이 '사건'을 일으키지 못한다면, 또한 성도들의 일상에서 작

예수는
상투어로 변해버린 율법의 언어를 깨뜨려
생명을 담지한 말로 빚어냈다.
오늘 목회자들의 과제가 있다면
상투어로 변해버린 종교적 언어를
우리의 일상 언어로 새롭게 번역하는 일이 아닐까?
새 신新 자는 서 있는 나무에 도끼를
기대놓은 모양으로 형성되어 있다.
살아있는 나무에 도끼날이 박힐 때의
그 생생한 아픔이 새로움이란 것일까?
그런 말씀을 듣지 못해
우리 삶은 속물적으로 변해간다.

동되지 않는다면 그처럼 슬픈 일이 또 없을 것이다. 종교적 가치에 뿌리를 둔 '구원, 사랑, 화해, 용서, 자유, 섬김, 돌봄, 희생'이라는 단어가 이미 상투어로 변해 버린 것은 아닌지 돌아볼 필요가 있다. 너무나 익숙해져서 낡아버린 말, 그저 그러려니 하면서 듣고 마는 말, 그래서 우리 내면에 아무런 긴장도 일으키지 않는 말은 소음에 지나지 않는다.

성경은 예수의 말을 들은 사람들의 반응을 흥미롭게 소개하고 있다.

> 예수께서 곧 안식일에 회당에 들어가 가르치시매 뭇 사람이 그의 교훈에 놀라니 이는 그가 가르치시는 것이 권위 있는 자와 같고 서기관들과 같지 아니함일러라(마가복음 1:21-22).

예수가 보인 말의 권위는 어디에서 비롯된 것일까? 교훈의 새로움? 뛰어난 언변? 아닐 것이다. 말과 존재의 틈 없는 일치야말로 그런 권위의 뿌리일 것이다. 예수는 상투어로 변해버린 율법의 언어를 깨뜨려 생명을 담지한 말로 빚어냈다.

오늘 목회자들의 과제가 있다면 상투어로 변해버린 종교적 언어를 우리의 일상 언어로 새롭게 번역하는 일이 아닐까? 새 신新 자는 서 있는 나무에 도끼를 기대놓은 모양으로 형성되어 있다. 살아있는 나무에 도끼날이 박힐 때의 그 생생한 아픔이 새로움이란 것일까? 그런 말씀을 듣지 못해 우리의 삶은 속물적으로 변해간다.

말씀을 기다리는데/잡음이 교신을 방해한다/들리는 메시지/받아
적으려고 하면/무의식 한구석에서 기생하던/바이러스들이 문장
속에 끼어들어/구문을 깨뜨린다/때로는 의식 속에서/완성된 메시
지이려니 싶어도/살펴보면/부식된 파피루스 조각이어서/미처 못
찾은/다른 조각들 모래 속에서 찾아서/짜 맞추어야 하고/구멍 숭
숭 뚫린/탈문脫文은 추측하여 메꾼다(민영진, 〈설교 원고〉 전문).

얼마나 정직한 고백인가? 구문을 깨뜨리는 바이러스도 많
고, 미처 못 찾은 말씀의 조각들도 참 많다. 삶은 모호하고 인
간의 인식은 파편적이다. 인식의 그 빈자리는 단호한 삶의 지
향으로 채워가는 수밖에 없다. 거칠고 투박하더라도 우리 가슴
을 얼얼하게 만드는 참 말이 그리운 시대이다.

봄이
우리를 부른다

이래도 되는가 싶다. 어쩌자고 꽃들은 이다지도 지천으로 피어
나는가? 세상은 어수선하기 이를 데 없는데, 그래서 짐짓 비장
한 표정을 지어야 하는데 자꾸만 배어나오는 미소를 숨길 수
없다. 영춘화, 산수유, 매화, 살구, 앵두, 사과, 목련, 개나리, 진
달래, 민들레, 제비꽃까지 눈인사를 나누기에도 분주하다. 게
다가 달빛 아래서 바라보는 배꽃이라니.

하얀 배꽃 밝은 달빛, 은하수는 한밤인데
아직 남은 푸른 내 맘, 소쩍새가 어찌 알까
정 많음이 병이라서, 잠 못 들고 뒤척이네.

고려 후기의 문신 이조년의 시가 절로 떠오른다. '푸른 마음'
이 뭘까. 단언할 수는 없지만 왠지 공모의 미소를 짓게 된다.

나이 탓일 게다. 이 무정한 세월도 잠시 한눈파는 것을 허락하지 않을까?

요한 루트비히 우얼란트의 시에 프란츠 슈베르트가 곡을 붙인 〈봄을 믿는 마음〉에 귀를 기울인다.

부드러운 봄바람이 깨어났습니다.

여기저기 속삭이고 살랑거리며 밤낮 불어옵니다.

이렇게, 창조의 완성은 여기저기서 날마다 계속됩니다.

오, 신선한 향기, 새로운 울림이여

이 신비 속에서 무언가를 근심하고 있다면

그대는 참으로 불행한 사람

지금 여기. 모든 것이 움직이고 변하며

새로워지고 있습니다.

봄바람에 깨어나는 저 다양한 생명들이야말로 창조의 완성이란다. 생명의 기운이 넘실넘실 온 땅을 가득 채우고 있는 이 계절에 잠시 근심을 내려놓는다고 하여 세상이 속절없이 망가지지는 않을 것이다.

니코스 카잔차키스가 들려주는 이야기가 떠오른다. 한 겨울에 아몬드나무에 꽃이 만발했다. 주변의 나무들이 일제히 아몬드나무의 허영심을 비웃었다.

반 고흐, 〈아몬드나무〉

'봄바람'은 땅만 바라보며 살던 이들의 시선을 위로 향하게 한다. 건성건
성 보던 눈이 세심하게 바라보는 눈으로 변한다. 꽃등을 인 것처럼 환한
꽃 세계를 바라보다가 어느덧 그들도 꽃으로 변한다.

저렇게 교만할 수가! 생각해 봐, 저 나무는 저렇게 해서 자기가 봄이 오게 할 수 있다고 믿는 모양이지!

아몬드나무 꽃들은 부끄러워서 얼굴을 붉히며 말했다.

용서하세요, 자매님들, 맹세코 나는 꽃을 피우고 싶지 않았지만 갑자기 내 가슴속에 따뜻한 봄바람을 느꼈어요.

목석이 아니고서야 어찌 봄바람에 마음이 흔들리지 않을 수 있단 말인가?

'봄바람'은 땅만 바라보며 살던 이들의 시선을 위로 향하게 한다. 건성건성 보던 눈이 세심하게 바라보는 눈으로 변한다. 꽃등을 인 것처럼 환한 꽃 세계를 바라보다가 어느덧 그들도 꽃으로 변한다. 감탄할 줄 아는 사람이 되는 것이다. 잔뜩 찌푸렸던 얼굴이 환하게 열리면서, 소통의 문도 함께 열린다. 아무 이해관계 없는 이들을 향해 벙싯 웃어줄 여유가 생긴다. 세상은 그만큼 밝아진다. 봄이 인류에게 주는 선물이다.

행복의 신기루를 좇아 질주하는 삶이 우리에게서 앗아간 것 가운데 가장 소중한 것은 '경탄의 능력'이다. 사람들은 웬만해서는 놀라거나 감탄하지 않는다. 모든 게 무덤덤해지고 시들해진다는 것, 어떤 일이 일어나도 그저 그러려니 하는 것, 그것은 늙음의 징표이거나 타락의 징후이다. 경탄할 줄 안다는 것, 그

것은 우리를 비인간화시키는 일체의 제도와 관습의 질곡에서
벗어났음을 의미한다. 한 눈 파는 이들 말고 누가 세상의 아름
다움 앞에 멈춰 설 수 있단 말인가? 아니, 유용성이라는 우상
을 떨쳐버린 이들이 아니라면 누가 한눈을 팔 수 있단 말인가?

   정진규 선생의 〈몸詩 14〉를 읽는다. 시인은 산천에 지천으로
핀 진달래꽃을 보고 온 보람을 이렇게 노래한다.

   한 사날 가슴도 덜 답답하고
   밥맛도 좋고
   숙변까지 시원하게, 변비도 없어지고
   사랑도 잘 보이고

   이것 참 좋지 않은가. 세월이야 어떠하든, 사람살이의 마당
에서 무슨 일이 벌어지든, 때가 되면 '그냥 왈큰왈큰 알몸 열어
보이는 진달래'를 바라보다가 시인은 마침내 무덤까지도 열리
는 것을 본다. 무덤의 열림은 감춰졌던 생명세계의 귀환이다.
끝없는 이익의 굴레에 갇혀 싸우고 갈등하는 세상에 의해 가
려졌던 생명에 접속된 순간, 시인은 마음의 빗장이 열리고 있
음을 본다.

지금 나 한 사날 잘 열리고 있어

누구나 오셔, 아름답게 놀다 가셔!

  멋지지 않은가? 계절은 봄이지만 여전히 겨울 한복판을 지나고 있는 이들이 많다. 가난과 질병과 공포, 무기력과 무의미, 수치심과 모욕감에 사로잡혀 얼어버린 영혼들에게 봄소식으로 다가설 이들이 필요하다. 이 아름다운 봄날은 우리를 그 자리로 부르고 있다.

저주는
이 어미가 받으마

두 아들을 둔 엄마가 있었다. 쌍둥이인 이들은 뱃속에서부터 서로 싸웠다. 태어날 때도 동생은 형의 발뒤꿈치를 잡고 있었다. 한 태에서 나왔지만 둘의 성격은 아주 달랐다. 성인이 되어서도 마찬가지였다. 형은 날쌘 사냥꾼이 되어 들에서 살고, 동생은 성격이 차분해서 주로 집에 머물렀다. 늙은 아버지는 맏이가 잡아온 고기에 맛을 들여 그 아이를 사랑하였고, 엄마는 아버지의 사랑을 받지 못하는 둘째를 사랑하였다. 형제는 묘한 경쟁의식을 가지고 있었다. 세월이 흘러 아버지는 기력이 쇠약해지고 눈도 어두워졌다. 그래서 아버지는 맏이에게 어서 나가 사냥을 해서 별미를 만들어달라고 했다. 그러면 힘을 내어 그를 마음껏 축복한 후 가야 할 곳으로 가겠다는 것이었다.

　맏이는 즉시 활과 화살통을 메고 들로 나갔다. 부자 간의 대화를 엄마가 엿들었다. 엄마는 둘째를 불러 즉시 염소 두 마리

를 끌고 오라고 지시했다. 그 염소 고기를 요리해 줄 터이니 아
버지에게 가져다 드리고 축복을 받으라는 것이었다. 고지식한
둘째는 두려웠다. 만에 하나 아버지가 알아차린다면 축복은커
녕 저주를 받을 것 같았기 때문이다. 저어하는 아들에게 엄마
는 이렇게 말했다.

아들아, 저주는 이 어미가 받으마. 내가 시키는 대로 하여라.

어머니의 계획대로 둘째는 형에게 돌아갈 아버지의 축복을
가로챘다. 나중에야 그 사실을 알아챈 맏이는 동생을 죽여 한
을 풀겠다고 호언장담했다. 그 때문에 동생은 고향을 떠나 먼
타지로 피신할 수밖에 없었다.

성경의 첫 책인 창세기에 나오는 이 이야기에 주목하는 까
닭은 '저주는 이 어미가 받으마' 했던 그 엄마의 마음이 느껴
지기 때문이다. 그 엄마가 맏이를 사랑하지 않는 것은 아니었
다. 그는 광야에 던져져도 너끈히 살아날 수 있는 사람이었다.
그에 비해 둘째는 제 앞가림조차 못할 것 같은 약자였다. 엄마
는 차라리 자기에게 저주가 내린다 해도 그 아들이 살아갈 수
있는 길을 만들어주고 싶었던 것이다. 《대학》에 나오는 팔조목
가운데 하나인 '제가齊家'는 '집안을 가지런히 한다'는 뜻이다.
제 분수를 모르고 중뿔나게 튀어나오는 녀석의 기운은 좀 눌
러주고, 기를 펴지 못한 채 짓눌린 녀석의 기운은 좀 북돋워주

리브가의 자식 사랑처럼 지금도 어머니들의 자녀 사랑은 좀 유별나다.
자기 자식만큼은 남과 구별되도록 키우고 싶다는 생각 때문에 못할 일이
없다. 문제는 과잉이다. 지나친 관심과 사랑 때문에 자녀들이 주체적 존
재로 서지 못하는 경우를 많이 본다. 시행착오를 반복하며 성숙해가는
과정을 거치지 않으면 인생길에서 마주치게 되는 작은 시련 앞에서도 크
게 흔들리게 마련이다. 때로는 사랑이 독이 되기도 한다. 어머니들의 사
랑은 더 깊은 곳을 향해야 한다.

렘브란트, 〈야곱을 축복하는 이삭〉

는 게 제가이다. 그래야 둘 다 사람 구실을 할 것이니 말이다.

맏이의 이름은 에서이고 둘째의 이름은 야곱이다. 아버지의 축복이 맺은 결실인가? 저주를 무릅썼던 어머니의 염원이 맺은 결실인가? 이스라엘이라는 나라의 뿌리는 야곱이 네 아내와의 사이에서 얻은 열 두 아들이다.

지금도 어머니의 자녀 사랑은 좀 유별나다. 자기 자식만큼은 남과 구별되도록 키우고 싶다는 생각 때문에 못할 일이 없다. 문제는 과잉이다. 지나친 관심과 사랑 때문에 자녀들이 주체적 존재로 서지 못하는 경우를 많이 본다. 시행착오를 반복하며 성숙해가는 과정을 거치지 않으면 인생길에서 마주치게 되는 작은 시련 앞에서도 크게 흔들리게 마련이다. 때로는 사랑이 독이 되기도 한다. 때문에 어머니의 사랑은 더 깊은 곳을 향해야 한다.

조류 인플루엔자가 확산되면서 온 나라가 떠들썩하다. 철새들은 진귀한 손님이 아니라 불청객 취급을 받고 있다. 대열을 이루어 날아가는 기러기를 보며 알지 못할 그리움에 목메던 날도, 낙조를 배경으로 군무를 벌이는 가창오리를 바라보며 혼돈 속에서 이루어지는 그 정연한 질서에 경탄하던 것도 어느 좋았던 날의 풍경일 뿐인가? 수많은 가금류가 AI 감염이 의심된다는 이유로 살처분 되고 있다. 끔찍한 일이다. 이 땅 도처에는 무고하게 죽어간 생명들의 공포와 두려움이 묻혀 있다. 보이지 않는 공포는 또 있다. 후쿠시마 원전 사고 이후 핵 발전이

얼마나 위험한 것인지를 온 세계인들이 절감했는데, 우리나라
는 예상되는 전력 소요량을 충당하기 위해 핵발전소를 본래의
계획보다 더 많이 짓겠다고 호언하고 있다. 모두가 조금씩 생
명과 평화의 길로 나아가는데, 우리만 유독 뒷걸음질 치는 것
같다. 후손들이 살아가야 할 이 땅에 우리는 차곡차곡 공포와
혼돈을 채워 넣고 있는 것은 아닌가?

'저주는 이 어미가 받으마.' 이 마음을 잃어 세상은 위험한
곳이 되었다. 후손들을 정말 사랑한다면 오늘 우리가 이 땅에
심어야 할 것은 생명과 평화, 우정과 연대의 씨앗일 것이다. 죽
음의 땅에서는 아무 것도 자랄 수 없을 터이니 말이다.

죽은 나무에
물을 주는 정성으로

에덴동산 한복판에는 생명나무가 서있었다. 대지에 깊이 뿌리를 내리고 마치 기도하듯 하늘을 향해 가지를 뻗는 나무는 인간의 실존에 대한 상징처럼 여겨져 어느 문화권 속에서나 하늘과 땅을 매개하는 우주수宇宙樹로 대접을 받아왔다. 동산 어디에서나 볼 수 있는 나무 한 그루, 그것은 동산에 기대어 살아가는 사람들이 자신의 삶의 자리를 가늠해 볼 수 있는 입각점이다. 거센 바람이 몰아쳐도, 눈보라가 몰아쳐도 흔들릴지언정 뽑히지 않는 나무 한 그루가 우리 가슴에 심겨져 있다면 삶은 한결 든든해질 것이다.

마음으로 좋아하는 어느 선생님은 만일 나무가 되라 하면 산 위의 낙락장송이 되기보다는 다른 나무들과 어깨를 겯고 숲을 이루고 싶다고 하셨다. 남의 이목을 집중시키지는 못해도, 서러운 누군가가 비빌 언덕이 되어줄 수 있다면, 작고 여린

새들의 품이 되어줄 수 있다면 그보다 좋은 일이 어디 있겠는 가? 인도에 가면 반얀나무Ficus benghalensis 숲을 볼 수 있다고 한다. 뿌리가 약한 반얀나무는 비바람을 견뎌내기 위해 제 가지에서 다시 땅으로 뿌리를 내리는 특이한 습성이 있는데, 땅에 닿은 뿌리는 기둥뿌리支柱根가 되어 나뭇가지를 받쳐준다. 이런 과정을 반복하면서 한 그루 반얀나무는 숲 전체를 이루기도 한다. 세월이 흐르면서 그 숲이 더 푸르러지고, 그윽해진다면 더할 나위 없을 것이다.

가끔 산에 오르면 세찬 바람에 넘어진 나무를 본다. 가로로 누운 나무를 보는 것은 안쓰러운 일이다. 그간 견뎌온 세월의 무게가 얼마인데 저렇게 자기를 놓아버렸나 싶기 때문이다. 가로로 누워 뿌리를 드러낸 나무를 본다. 원뿌리는 보이지 않고, 곁뿌리만 무성한 경우가 많다. 물 한 방울을 찾기 위해 어두운 땅을 더듬어 내려가지 않아도 좋았기 때문일까? 때로는 좋은 환경이 복이 아닌 경우도 있는 것 같다. 더러는 흙이 파이고 깎여 뿌리가 밖으로 드러난 나무도 보인다. 그 뿌리가 곧 나무의 안간힘인 줄 알기에 가슴이 짠해진다. 어떤 이들은 그 뿌리를 짓밟고 무심히 지나간다. 그러나 그 뿌리에 흙 한 줌을 덮어주고 가는 이들도 있다.

영화감독인 타르코프스키는《순교일기》라는 책에서 사막교부들이 전해주는 이야기 한 토막을 들려준다. 파반다 출신의 파베라는 이름을 가진 수도승이 한번은 말라죽은 나무 한 그루를 가져다 산 위에 흙을 파고 심었다. 그리고는 요한 콜로그에게 이 앙상한 나무에 매일 한 동이씩 물을 주되 나무에 다시 열매가 맺힐 때까지 주라고 일렀다. 그러나 물가는 멀리 떨어져 있었다. 그래서 요한은 저녁 때 다시 돌아오기 위해 아침 일찍 출발하지 않으면 안 되었다. 3년이 지난 후 나무는 싹이 나기 시작했고, 열매를 맺기 시작했다. 노老수도승은 열매를 따 교회의 수도자들에게 주면서 이렇게 말했다. "어서 이리들 와서 순명順命의 열매를 맛보도록 하시오." 하나님을 믿는다는 것은 어쩌면 영악한 사람이 되기를 포기하는 데서부터 시작되는 것이 아닌지 모르겠다. 지금도 누군가 죽은 나무에 물을 주는 이들이 있다. 지금 우리가 누리고 있는 생의 열매도 누군가의 희생과 헌신의 열매일 것이다.

겨울산에 가면

밑둥만 남은 채 눈을 맞는 나무들이 있다

쌓인 눈을 손으로 헤쳐내면

드러난 나이테가 나를 보고 있다

들여다볼수록

비범하게 생긴 넓은 이마와

도타운 귀, 그 위로 오르는 외길이 보인다

그새 쌓인 눈을 다시 쓸어내리면

거무스레 습기에 지친 손등이 있고

신열에 들뜬 입술 위로

물처럼 맑아진 눈물이 흐른다

잘릴 때 쏟은 톱밥가루는 지금도

마른 껍질 속에 흩어져

해산한 여인의 땀으로 맺혀 빛나고,

그 옆으로는 아직 나이테도 생기지 않은

꺾으면 문드러질 만큼 어린것들이

뿌리박힌 곳에서 자라고 있다

도끼로 찍히고

베이고 눈 속에 묻히더라도

고요히 남아서 기다리고 계신 어머니,

 눈을 맞으며 산에 들면

처음부터 끝까지 나를 바라보는

나이테가 있다

　　나희덕 시인의 〈겨울산에 가면〉이다. 아무 말도 덧붙일 수가
없다. 그냥 이 시를 가슴에 담아두고 싶다. '도끼로 찍히고/베
이고 눈 속에 묻히더라도/고요히 남아서 기다리고 계신 어머
니', 교회는 이런 교회여야 한다. 오래된 나무가 살기 위해서는
매년 여린 잎을 피워내야 한다. 죽은 나무에 물을 주는 이의 정
성으로 생명과 평화의 잎을 피워낼 이들이 있어 행복하다.

길은 사람을
원망하지 않는다

당연하지 않은가. 원망하는 것은 사람의 버릇일 뿐이다. 욕구가 좌절되면서 생기는 결핍의 감정을 사람은 어떠한 형태로든 채우려 한다. 거기서 나오는 것이 '탓'이다. 아장걸음을 배우는 아기는 넘어지면 금방 일어나지만, 곧잘 걷던 아이는 넘어지면 울음을 터뜨린다. 예기치 않은 좌절이 일어났기 때문이다. 부모는 아이를 달래느라 애꿎은 땅을 박차거나 꾸짖으면서 땅을 탓한다. 그제야 아이는 좌절감과 부끄러움을 딛고 일어선다. 문제는 어른이다. 어른이 되어서도 '탓하기'의 달콤한 유혹에서 벗어나지 못할 때 그는 주체로 살지 못한다. 탄생과 죽음 사이의 외줄을 건너는 인생이 어찌 무섭지 않겠는가?

소낙비 그치고 햇살 뜨거운 여름날, 신작로 길을 발밤발밤 걷다보면 움파리가 곧잘 눈에 띄곤 했다. 흙이 곱게 가라앉아 맑아진 물 위로 하늘도 비치고 구름도 비쳤다. 가끔은 그 고운

모든 길은 단순히 이곳과 저곳을 이어주는 공간이 아니다. 길은 사람들이 걸어 생기는 것이지만, 길은 그 길을 걷는 이들에 대한 기억의 온축이다. 길은 지향이기에 희망이고, 기억을 환기시키기에 그리움이다. 현대인의 불행은 길을 잊었다는 데 있다. 도로를 질주하는 차들에 불안한 시선을 던지며 걷는 동안에는 희망도 그리움도 떠오르지 않는다.

흙에 지렁이가 꿈틀대며 기어간 흔적을 아득하게 바라보기도 했다. 어쩌면 그것은 인생에 대한 어떤 예감 때문이었는지도 모르겠다. 누구는 인생은 초월이 아니라 포월이라 했다. 뛰어넘는 것이 아니라, 기어서 넘는다는 뜻이리라. 인생 참 만만치 않다.

어린 시절 어른들을 따라 바다에 나가는 것을 좋아했다. 갯벌을 뒤져 망둥이, 쏙, 백합, 대합을 잡고, 돌을 뒤집어 박하지를 잡는 재미가 쏠쏠했기 때문이다. 하지만 그런 재미를 누리기 위해서는 먼 길을 걸어야 했다. 내리쬐는 햇볕에 정신이 몽롱해지면 잠시 멈춰 서서 거리를 가늠하곤 했다. 가야 할 길을 내다보면 막막하기 이를 데 없고, 돌아갈까 싶어 돌아보면 걸어온 길이 이미 아득했다. 이럴 수도 저럴 수도 없는 느낌, 인생은 이런 것인지도 모르겠다. 하지만 옆에 있던 어른들은 그런 막막함과 아득함을 잘도 견뎠다. 두런두런 이야기를 나눌 길벗들이 있었기 때문이리라.

모든 길은 단순히 이곳과 저곳을 이어주는 공간이 아니다. 길은 사람들이 걸어 생기는 것이지만, 길은 그 길을 걷는 이들에 대한 기억의 온축이다. 길은 지향이기에 희망이고, 기억을 환기시키기에 그리움이다. 현대인의 불행은 길을 잊었다는 데 있다. 도로를 질주하는 차들을 불안한 시선으로 바라보면서 걷는 동안에는 희망도 그리움도 떠오르지 않는다. "'논두렁 길'에서는 개구리가 뛰고, '오솔길'에서는 산꿩이 울고, '신작로新

作路'에서는 자갈이 튀면서 먼지가 날리고"라고 노래하는 시인은 돌연 "'고속도로'에서는 '국민 여러분!' 하는 연설이 흘러나온다"(윤석산, 〈낱말의 문화사적 풍경〉 중에서)고 노래한다.

차들이 질주하는 고속도로와 도심에서 우리는 기억을 반추할 여유를 찾지 못하고, 마땅히 가야 할 길을 걷지도 못한다. 구호에 쫓겨 숨 가쁘게 달려가야 할 목표만이 있을 뿐이다. 그렇다 해도 길은 사람을 원망하지 않는다. 느긋하게 걷는 이들에게 정겨운 눈길을 던지며, 그 길을 앞서 걸었던 이들의 이야기를 들려줄 뿐이다. 그 이야기에 귀를 기울이는 순간, 우리는 인간의 흐름 속에 섞여들게 된다.

우리는
어디로 가고 있는가?

아무 데로나 가려는 자는 그 어느 곳에도 가지 못하는 법. 그 어떤
항구도 목적지로 삼지 않은 사람에게는 바람도 아무 쓸모가 없다.

몽테뉴의 자서전에 나오는 말이다. 우리는 지금 어디로 가는
것일까? 우연이든 필연이든 우리가 타고 있는 대한민국이라는
배가 지금 지향을 잃고 표류하고 있는 것 같다. 세상이 참 소
란스럽다. 대립과 갈등이 사회 발전의 동력이 될 때도 있지만,
그 갈등을 해소하는 방식을 모색하기 위해 지혜를 모으지 않
는 한 사회 분열을 가속화하는 촉매가 될 가능성이 크다. 지금
이 그러하다. 상대를 탓하는 목소리가 높아지면 양심의 소리는
잦아들고 성찰적 거리는 소거되게 마련이다. 나의 옳음을 강변
하기 위해 상대의 그릇됨을 과장하는 이들이 늘어날 때 세상
은 차가운 타자들의 거리로 변한다. 아내들에게 "나에게 상처

를 입힌 남자를 내가 죽였다. 나를 상하게 한 젊은 남자를 내가
죽였다"고 자랑했던 라멕의 노랫소리가 도처에서 들려온다.

성경은 사람들이 자기를 사랑하고, 돈을 사랑하고, 뽐내고,
교만하고, 하나님을 모독하고, 감사할 줄 모르고, 무정하고, 원
한을 풀지 않으며, 비방하고, 절제가 없고, 난폭하고, 쾌락을 사
랑하는 것을 말세의 징조라고 말한다. 어느 것 하나 우리 시대
를 비껴가는 것이 없다. 우리는 지금 벼랑 끝에 서 있다. 자칫
발을 헛디디면 천 길 낭떠러지로 추락할 수도 있다. 어쩌다가
우리가 이 지경에 이르렀는지 모르겠다.

인류학자인 루스 베네딕트는 수치의 문화와 죄책의 문화를
구분했다. 수치의 문화 속에서 살아가는 이들은 다른 이들의
시선이나 비평에 민감하다. 자기 잘못을 성찰하고 고치기보다
는 그것이 드러나지 않도록 하는 데 온 힘을 기울인다. 그들은
자기 잘못을 지적하거나 비판하는 이들을 견디지 못한다. 비평
에 의해 촉발된 수치심은 일순간 원한감정으로 바뀐다. 그들의
자존감의 뿌리는 타자에게 있다. 그렇기에 그들은 부자유하다.
그에 비해 죄책의 문화 속에서 살아가는 이들은 타자의 시선
이 아니라 자기 양심의 소리 혹은 하늘의 소리에 민감하다. 중

〉 성경은 사람들이 자기를 사랑하고, 돈을 사랑하고, 뽐내고, 교만하고, 하나님을 모독하고, 감
사할 줄 모르고, 무정하고, 원한을 풀지 않으며, 비방하고, 절제가 없고, 난폭하고, 쾌락을 사랑
하는 것을 말세의 징조라고 말한다. 어느 것 하나 우리 시대를 비껴가는 것이 없다. 우리는 지
금 벼랑 끝에 서 있다. 자칫 발을 헛디디면 천 길 낭떠러지로 추락할 수도 있다.

요한 것은 남들의 평가가 아니라 자기 옳음에 대한 확신이다.

지금 우리 사회를 돌아본다. 죄책의 문화보다는 수치의 문화
에 침윤된 이들이 많다. 지난 대선에서 국정원과 군 사이버 사
령부를 통한 선거개입이 있었다는 것은 이제 부인할 수 없는
사실로 드러났다. 이쯤 되었으면 대통령이 나서서 이 일에 대
해 사과를 하고 책임자를 처벌하는 것이 마땅하지 않겠는가?
국민들은 그런 사실 자체를 부인하거나 그런 일이 설사 있었
다 해도 나와는 무관한 것이라고 말하는 지도자, 혹은 국론을
분열시키는 이들을 엄단하겠다고 어깃장을 놓는 지도자를 보
고 싶어 하지 않는다.

수치의 문화에 침윤된 이들의 가장 큰 문제는 용서를 청할
줄 모른다는 데 있다. 용서를 구하는 대신 그들은 자기의 수치
를 이르집는 이들에 대한 보복을 꿈꾼다. 악순환이다. 악순환
을 더욱 부추기는 것은 진영의 논리이다. '우리'와 '그들'을 가
르는 순간 참이 들어설 자리는 줄어들게 마련이다. 그래도 우
리 사회에 희망이 있는 것은 참을 드러내기 위해 진영논리에
서 벗어나 허허벌판에 서는 이들이 있기 때문이다. 그들은 함
석헌 선생의 시구처럼 "물 냄새 맡고 달리는 사막의 약대처럼/
스며든 빛 잡으려 허우적거리는 움 속의 새싹처럼" 살기를 선
택한 이들이다.

밤이 깊다. 어둠이 지극할 때 예수는 빛으로 이 세상에 들어
왔다. 로마의 평화와는 구별되는 참된 평화를 가지고. 어둠은

빛을 이기지 못한다. 그런데 문득 자발없는 의문이 떠오른다. 오늘의 교회는 역사 속에 빛을 끌어들이고 있나, 아니면 어둠을 깊게 만들고 있나?

아슬아슬한
희망

여러 해 전 겨울 낯모르는 이의 전화를 받았다. 그는 남도의 작은 도시에서 목회를 하고 있는 전도사라고 자기소개를 했다. 명년 봄에 목사 안수를 받게 되는데 꼭 내가 안수를 해주었으면 좋겠다는 것이었다. 좀처럼 그런 청에 응하지 않는 편이지만 그때는 이상하게도 거절하지 못했다. 이듬해 봄이 되어 안수식이 열리는 대구의 한 교회에 가서 그와 처음 대면하게 되었다. 차 한 잔을 나누며 그의 목회 이야기를 들었다.

몇 해 전 푸른 꿈을 안고 첫 목회지에 부임해보니 장년 두 명에 초등학생 3명뿐이었다. 적잖이 낙심 되었지만 내색하지 않고 정성을 다했다. 가을이 지나고 찬바람이 불 무렵 그는 교회 마당가에 있던 수선화 알뿌리를 캐서 들여놓아야 한다는 생각이 들어서 삽으로 알뿌리를 떴다. 그런데 그만 삽날에 알뿌리가 찍히고 말았다. 그가 예상한 것보다 알뿌리가 훨씬 컸던 것이다. 삽날에 찍힌 알뿌리를 손에 드는 순간 눈물이 왈칵 났다. 자기 처지가 떠올랐기 때문이다. 꿈을 갖기조차 힘든 곳에서 그래도 뿌리를 내리기 위해 안간힘을 다했던 시간이 주마등처럼 지나갔기 때문이다. 상처 입은 알뿌리와 자기를 동일시했던 바로 그 순간부터 그는 결과에 연연하지 않고 매 순간을 즐길 수 있게 되었다고 말했다.

곁에서 함께 그의 말을 듣고 있던 또 다른 후배도 그렁그렁한 눈으로 자기 경험을 들려주었다. 몇 해 전 남해의 어느 마을 작은 교회에 부임하게 된 그는 이삿짐을 풀고, 사택 옆에 있는 예배당 문을 열었다. 그를 기다리고 있던 것은 예배당 창을 통해 교회 마루를 환히 비추고 있던 햇살이었다. 아, 그런데 마루에는 하얀 먼지만 소복이 쌓여 있었다. 나중에서야 그는 몇 명 되지 않는 교인들이 난방비를 아끼기 위해 몇 달 동안 이웃 교회에서 예배를 드렸다는 사실을 알게 되었다. 암담했지만 그는 내색하지 않았다. 어느 날 교회 주변을 둘러보다가 예배당 뒤편 흙 둔덕에 하얀 뿌리를 드러내고 있는 키 작은 소나무 한 그루를 보았다. 보았다기보다는 만났다는 말이 맞을지도 모르겠다. 바람을 타고 날아온 소나무 씨앗은 생명의 본성대로 떨어진 그 자리에서 싹을 틔웠지만 흙이 얼고 녹기를 반복하면서 그만 뿌리가 드러나고 말았던 것이다. 그 어린 소나무는 어찌할 바를 몰라 당황하고 있는 자신의 모습과 다를 바가 없었다. 그는 대나무 한 대를 잘라다가 소나무 주변에 울타리를 만

희망은 늘 위태롭다.

희希 자에는 '바라다'라는 뜻도 있지만 '성기다',

'드물다'는 뜻도 내포하고 있다.

희망이란 바랄 수 없는 중에 바라는 것이다.

희망은 낙관적 전망이 아니라, 기어코 살아내기 위한 안간힘이다.

상처를 빛나는 흔적으로 만들고, 연약한 것을 보듬어 안고,

뿌리가 드러난 것을 북돋는 이들이야말로

희망의 전사戰士라 할 수 있다.

희망은 누군가가 만들어주는 완제품이 아니라

삶으로 구현해야 할 과제이다.

안녕하지 못한 사람들이 깨어나 안녕한 세상을 만들어야 한다.

'아슬아슬한 희망'을 붙잡고 보이지 않는 보폭으로

더 나은 세상을 향해 나아가는 이들이 보인다.

그들은 저항과 연대와 연민을 통해 역사의 봄을 선구한다.

들고는 흙으로 뿌리를 정성스럽게 감싸주었다. 그리고 그 소나무에게 이름을 붙여 주었다. '아슬아슬한 희망.' 그는 소나무가 자라 그늘을 드리우는 날을 내다보며 날마다 물을 주었다. 어느 결에 그의 가슴의 어둠이 물러갔다.

그들의 얘기를 들으면서 어쩌면 나는 그들의 증언을 듣기 위해 그 자리에 간 것인지도 모른다는 생각이 들었다.

희망은 그렇게 늘 위태롭다. 희希 자에는 '바라다'라는 뜻도 있지만 '성기다', '드물다'는 뜻도 내포하고 있다. 희망이란 바랄 수 없는 중에 바라는 것이다. 희망은 낙관적 전망이 아니라, 기어코 살아내기 위한 안간힘이다. 상처를 빛나는 흔적으로 만들고, 연약한 것을 보듬어 안고, 뿌리가 드러난 것을 북돋는 이들이야말로 희망의 전사戰士라 할 수 있다.

신자유주의 경제질서가 마치 유일신인양 세상을 지배하는 현실 속에서 사람들은 영문도 모른 채 욕망의 장터를 질주한다. 경쟁과 효율과 속도가 지배하는 세상에서 사람들은 안녕하지 못하다. 사람들은 옆 사람을 팔꿈치로 밀치면서 앞으로 나아간다. 성공의 사다리 윗 단을 차지하기 위해 윗 단에 서있는 사람을 끌어내리고 밑에서 올라오는 사람을 짓밟기도 한다. '유동하는 공포가 우리를 확고히 사로잡고 있다'고 말했던 지그문트 바우만이나, 현실을 '실재의 사막'이라 칭하는 슬라보예 지제크, 우리 현실을 '피로사회'라는 말로 요약한 한병철은 사실 같은 상황을 달리 설명하고 있다.

자본은 욕망을 끝없이 확대재생산함으로 사람들을 확고히 자신의 신민으로 잡아두려 한다. 더 많이 소유하고, 더 편리하게 살기 위해 사람들은 기꺼이 오늘을 저당잡힌다.

하지만 '더'의 주술에서 벗어나지 않는 한 진정한 행복은 찾아오지 않는다. 자본주의의 중독에서 깨어나기 위해서는 다른 삶을 상상할 수 있어야 한다. 예수는 백향목이 되기를 꿈꾸고 또한 그들을 선망의 눈으로 바라보는 이들에게 겨자풀들이 연대하여 이루는 하나님 나라의 꿈을 보여주었다. 혼자서는 비바람을 견딜 수 없지만, 어깨를 걸고 함께 선다면 능히 견딜 수 있다. 행복의 신기루를 향해 내달리던 발걸음을 멈추고, 이웃의 이야기에 귀를 기울이고, 그들의 고통을 덜어주기 위해 몸을 낮출 때, 알 수 없는 힘이 우리 속에 유입된다. 신은 세상에서 가장 귀한 보물을 가장 연약한 이들 속에 숨겨두셨다. 경쟁 대신 협동을, 지배 대신 섬김을, 독점 대신 돌봄을, 채움 대신 비움을 능동적으로 선택하는 이들이 늘어날 때 자본의 지배는 약화될 수 있다.

희망은 누군가가 만들어주는 완제품이 아니라 삶으로 구현해야 할 과제이다. 안녕하지 못한 사람들이 깨어나 안녕한 세상을 만들어야 한다. '아슬아슬한 희망'을 붙잡고 보이지 않는 보폭으로 더 나은 세상을 향해 나아가는 이들이 보인다. 그들은 저항과 연대와 연민을 통해 역사의 봄을 선구한다.

예수의 삶은 나아감과 물러섬의 통일이었다. 나아감만 있고 물러섬이 없다면 삶의
맹목이 되기 쉽고, 물러섬만 있고 나아감이 없다면 삶은 진부함을 면할 수 없을 것
이다. 예수는 해가 떠오르기 전, 가장 고요한 그 시간에 홀로 한적한 곳을 찾아가
하늘 아버지 앞에 엎드렸다. 그 시간은 하나님의 마음을 기준 삼아 자기 마음을 조
율하는 시간이었다. 눅진눅진한 일상에 하늘의 빛 고요를 채우는 시간이었다.

세 개의
의자

내 집에는 세 개의 의자가 있다. 하나는 고독을 위한 것이고 다른 하나는 우정을 위한 것이며, 세 번째 것은 사교를 위한 것이다. 손님들이 뜻밖에 많이 찾아올 때는 그들을 위해서 세 번째 의자만을 내놓을 수밖에 없었지만 그들은 대개 서 있음으로 해서 방을 효율적으로 이용했다(헨리 데이빗 소로우, 《월든》).

조르쥬 쇠라가 1886년에 출품한 그림 〈그랑자트 섬의 일요일〉을 바라본다. 수많은 색점을 찍어 그린 이 그림은 색감이 부드럽고 따뜻하다. 눈부신 햇살 아래서 휴일의 한 때를 즐기는 이들의 모습이 한가롭다. 호수에는 작은 배들도 떠있다. 그런데 화면은 마치 시간이 일시에 정지되어 버린 듯 고요하기 이를 데 없다. 쇠라의 그림 속에서 일상은 영원과 잇대어 있다. 쇠라는 이 그림을 그리기 위해 얼마나 많은 점을 찍어야 했을까? 점 하나하나는 적당한 크기와 색깔을 가지고 있어야 할 자리에 있다. 수없는 점들이 만들어내는 풍경을 그리며 쇠라는 어떤 생각을 했을까?

삶이란 오늘의 점철點綴이다. 오늘이라는 점들이 모여 우리 삶의 풍경을 이룬다. 점 하나를 바로 찍어야 하는 것처럼, 우리에게 주어진 일상도 정성껏 살아내야 한다. 하지만 우리는 반복적인 데다가 누추하기까지 한 일상을 벗어나고픈 욕망에 시달리곤 한다. 아름다운 삶은 늘 저 건너편에 있는 것처럼 생각되기에… 이 속에서 행복의 지연은 필연적이다. 레오나르도 보프 신부는 우리의 일상적 삶이 성사가 될 수 있다고 말한다. "인간은 무상한 사물에서 영속하는 것을, 잠시의 것에서 영원한 것을, 세계에서 하나님을 발견할 수 있다"는 것이다. 일상에서 사용하는 모든 사물들, 혹은 직면하는 모든 일들은 그것을 넘어서는 뭔가를 혹은 누군가를 지시할 때가 있다. 삶을 성사로 바꾸는 것, 그것이야말로 충만한 삶의 비결이 아니겠는가.

홀로 앉음

햇살 좋은 초여름 날의 점심시간, 시원한 그늘이 드리워진 공원 벤치에 홀로 우두커니 앉아 있는 사람을 본다. 나른한 무력감이 그를 감싸고 있다. 바람에 흔들리는 나뭇잎, 시든 꽃잎을 몇 점 떨군 채 묵묵히 햇볕을 견디고 있는 식물들이 그의 세상이다. 세상 소음을 뒤로 하고 조용히 앉아 있는 그의 모습이 조화롭다. 무슨 생각을 하고 있는 것일까? 뒷모습이 쓸쓸해 보이지만 전체적인 느낌은 낙관적이다. 밖으로 향하던 마음을 끌어들여 자신을 응시하는 시간. 시간은 더 이상 강박적으로 그를 다그치지 않는다. 그는 지금 초 단위로, 분 단위로 분절된 시간에 쫓기느라 잃어버렸던 참 자아와 접속을 시도하고 있는 것일까? 모든 겉치레를 벗고 침묵과 마주하고 있는 저 부동의 자세는 어쩌면 번다한 일상을 건널 다리인지도 모른다. 그의 모습을 지켜보며 진계유의 말을 떠올린다.

고요히 앉아본 뒤에야 보통 때의 기운이 경박했음을 알았다.
침묵을 지킨 뒤에야 지난날의 언어가 조급했음을 알았다.
靜座然後知平日之氣浮, 守默然後知平日之言躁.

고요히 앉을 줄 모르는 사람에게 성찰을 요구하는 것은 우물에서 숭늉을 구하는 것과 같다.

예수의 삶은 나아감과 물러섬의 통일이었다. 나아감만 있고 물러섬이 없다면 삶의 맹목이 되기 쉽고, 물러섬만 있고 나아감이 없다면 삶은 진부함을 면할 수 없을 것이다. 예수는 해가 떠오르기 전, 가장 고요한 그 시간에 홀로 한적한 곳을 찾아가 하늘 아버지 앞에 엎드렸다. 그 시간은 하나님의 마음을 기준

삼아 자기 마음을 조율하는 시간이었다. 눅진눅진한 일상에 하늘의 빛 고요를 채우는 시간이었다.

현대인들은 홀로 있는 시간을 견디지 못한다. 늘 누군가와 혹은 무엇인가와 함께 있기를 원한다. 고독은 가장 두려운 적이다. 부득이 홀로 있어야 하는 시간에 사람들은 책, 텔레비전, 영화를 보며 자기와의 대면을 피하려 한다. 휴대전화를 통해 누군가와 연결을 시도하기도 한다. 하지만 모든 관계는 피상적이고 파편적이고 잠정적이다.

신학자 폴 틸리히는 외로움과 고독을 구분한다. '외로움'은 모든 것들로부터 단절되는데서 오는 '홀로 있음의 고통'이다. 반면 '고독'은 내 존재의 근원과 하나 됨의 희열을 누리는 '홀로 있음의 영광'이다. 외로움에 사무치는 이들은 많지만 고독이야말로 외로움의 치유제라는 사실을 아는 이는 드물다. 하나님의 현존 앞에 고요히 앉아 있는 성 안토니우스, 성 프란체스코, 막달라 마리아를 묘사한 그림을 본다. 홀로 앉음을 통해 그들은 영원한 고향집에 당도했다.

〈 마주 앉음이야말로 화해와 평화의 시작이다. 마주 앉아 함께 심호흡을 하고, 서로의 말을 정성을 다해 들을 때 둘 사이에 놓인 간극은 메워지기 시작한다. 사랑의 시선으로 서로를 보듬는 연인들을 본다. 그들은 자신을 비워내고 연인으로 자신을 가득 채운다. 자기 초월이다. 놀랍지 않은가? 사랑으로 마주 앉을 때, 지난 날 내쉬었던 한숨은 메아리가 되어 돌아온다. "옷걸이에서 떨어지는 옷처럼/그 자리에서 그만 허물어지고 싶은 생"(황지우)에 돌연 활기가 찾아든다.

마주 앉음

존재의 근원 앞에서의 홀로 앉음은 사실 마주 앉음이다. 갈멜
산에서 바알의 선지자들과 더불어 건곤일척乾坤一擲의 대결을
벌였던 엘리야는 또 다시 도망자 신세가 되지 않을 수 없었다.
광야 길을 가는 동안 그는 외로움의 심연을 맛보았다. 오죽하
면 로뎀나무 아래서 죽기를 구했겠는가? 하나님은 그런 그를
책망하기는커녕 음식과 마실 것을 준비하신다. 그리고 그에게
단잠을 선사한다. 기력을 회복한 엘리야는 마침내 호렙산에 당
도하고, 바위굴 속에 엎드려 한 소식을 기다린다. 이때 엘리야
는 벽을 향해 앉지 않았다. 보이지는 않지만 언제나 곁에 계신
분을 대하여 앉는다. 마주 앉음이다. 이런 마주 앉음은 사람들
사이에도 마주 앉음을 가능케 한다.

　대립對立, 곧 마주 섬이 긴장과 갈등을 암시한다면, 대좌對坐,
곧 마주 앉음은 신뢰를 전제한다. 아니, 상대의 말을 경청할 용
의가 있다는 몸짓이다. 간음 중에 잡혀온 여인을 사이에 두고
두 진영이 마주 섰다. 한편에는 예수가 있고 다른 한편에는 율
법학자들과 바리새파가 있다. 그들은 독기어린 말로 예수를 윽
박지른다. '율법의 규정대로 이 여인을 돌로 쳐 죽일까요?' 당
신의 입장을 밝히라는 것이다. 이 말 속에 담긴 다수의 폭력은
얼마나 섬뜩한가? 그런데 예수는 그들과 말을 섞지도, 눈을 부
라리지도 않는다. 몸을 굽혀서 손가락으로 바닥에 무엇인가를

쓰셨다. 이 간단한 몸동작으로 대립의 상황은 지양되었다. 그 시선의 비낌으로 고발자들은 공격의 표적을 잃고 말았다. 그리고 "너희 가운데서 죄가 없는 사람이 먼저 이 여자에게 돌을 던져라" 하는 말씀 앞에 서지 않을 수 없었다.

마주 앉는다는 것은 그동안 상대에 대해 가지고 있는 생각을, 편견에 찬 이미지들을 포기할 용의가 있다는 것이다. 교만과 자애심이라는 나쁜 멘토에게 잠시 침묵을 명하겠다는 것이다. 상대를 꺾어야 할 적으로 보지 않고 함께 진리와 진실을 추구하는 동료로 맞아들이겠다는 뜻이다. 진보와 보수, 사용자와 노동자, 남과 여, 남과 북이 마주 앉지 않을 때 서로에 대한 편견은 강화되고, 두려움은 더욱 깊어지게 마련이다. 마주 앉음을 회피하게 하는 것은 무엇일까? 찬송가 475장 2절은 이 물음에 대한 답이다.

죄악은 뿌리 깊게 우리 맘에 도사려 편당심 일으키며 차별 의식 넣어서 대화를 막으련다 대화를 막으련다.

마주 앉음이야말로 화해와 평화의 시작이다. 마주 앉아 함께 심호흡을 하고, 서로의 말을 정성을 다해 들을 때 둘 사이에 놓인 간극은 메워지기 시작한다. 사랑의 시선으로 서로를 보듬는 연인들을 본다. 그들은 자신을 비워내고 연인으로 자신을 가득 채운다. 자기 초월이다. 놀랍지 않은가? 사랑으로 마주 앉을

때, 지난 날 내쉬었던 한숨은 메아리가 되어 돌아온다. "옷걸이
에서 떨어지는 옷처럼/그 자리에서 그만 허물어지고 싶은 생"
(황지우)에 돌연 활기가 찾아든다.

둘러앉음

마주 앉는 일에 익숙해지면 둘러앉는 것도 어색하지 않게 된
다. 신학교 시절 퇴수회退修會를 간 적이 있다. 지향하는 가치도
다르고, 시국에 대한 생각도 다른 친구들은 의례적인 인사를
나눌 뿐 깊은 정서적 교감을 나누지 못하고 있었다. 어느 순간
한 친구가 기타를 치며 노래를 불렀다.

한 사람이 여기 또 그 곁에

둘이 서로 바라보며 웃네

먼 훗날 위해 내미는 손

둘이 서로 마주 잡고 웃네

누구랄 것도 없이 친구들은 그 노래를 따라 부르기 시작했
다. 마치 무한 반복하는 노래처럼 부르고 또 불렀다. 차츰 모두
의 얼굴에 웃음이 번지기 시작했고, 서로를 마음 깊이 받아들
이기 시작했다. 생각의 차이, 이념적 차이는 이 거대한 어울림

속에 녹아들어 버렸다. 둘러앉은 그 자리 바깥에 있는 사람은
하나도 없었다. 놀라운 순간이었다. 상대를 동화시키거나 배제
하려는 마음이 사라지니 우리는 하나였다. 그것은 일종의 종교
적 체험이었다.

　예수 공동체의 특색 가운데 하나는 식탁의 교제를 들 수 있
다. 예수를 비난하기 위해 점잖은 종교인들이 붙여준 별명을
나는 유쾌하게 받아들인다.

저 사람은 마구 먹어대는 자요, 포도주를 마시는 자요, 세리와 죄인
의 친구다(마태복음 11:19).

아마도 예수는 음식을 맛있게 드셨던 모양이다. 적어도 께죽
거리면서 먹성 좋은 다른 이들을 주눅 들게 하는 분은 아니었
을 것이다. 예수의 식탁에서 제외되는 사람은 아무도 없었다.
예수는 아웃캐스트들과 거리낌 없이 식사를 함께 함으로써 그
들을 받아들일 수 없는 사람으로 선언한 사회의 질서를 깨뜨
렸다. 그렇기에 그 식탁에는 금기를 위반하는 기쁨이 충만했
다. 그것은 새로운 세상의 시작이었다.
　예수의 식탁은 공간적으로 위계화된 식탁이 아니라 둘러앉
은 모두가 주인인 식탁이었다. 차별이 지양된 그 식탁에 동참
했던 이들은 하나 됨의 기쁨으로 그득하였을 것이다. 그 둥근
식탁에 참여한 이들은 누구나 조금쯤 착해졌을 것이다. 더 이
상 빈정거리는 말투로 이야기하거나, 독기 품은 눈으로 상대를
바라보지는 않았을 것이다.
　모든 생명은 비스듬히 기댄 채 살아간다. 너 없이는 나도 없
다는 사실을 절감할 때 인생은 고마움이 되고, 저 깊은 마음의
심연에 별 하나 떠오른다. 예수의 식탁 공동체를 생각할 때면
정일근의 시가 떠오른다.

어머니의 두레밥상은 어머니가 피우시는 사랑의 꽃밭

내 꽃밭에 앉은 사람 누군들 귀하지 않겠느냐

식구들 모이는 날이면 어머니가 펼치시던 두레밥상

둥글게 둥글게 제비새끼처럼 앉아

어린 시절로 돌아간 듯 밥숟가락을 높이 들고

골고루 나눠주시는 고기반찬 착하게 받아먹고 싶다

_〈둥근, 어머니의 두레밥상〉 부분

이 둥근 두레밥상을 지배하는 분위기는 안온함이다. 그 밥상 앞에서 사람들은 귀향의 기쁨을 경험한다. 허물도 탓함도 없는 자리, 빠름에 대한 강박관념에 시달리지 않아도 되는 자리, '더'보다는 '덜'이 소중히 여겨지는 자리, 칭찬이나 비난에 대한 기대와 염려를 내려놓을 수 있는 자리에서 창조적인 삶의 이야기가 시작된다.

홀로 앉음을 통해 하나님의 현존 안에 머물고, 마주 앉음으로 자기를 초월하여 화해의 기쁨을 맛보고, 예수의 둥근 두레밥상 앞에 둘러앉아 생을 함께 경축할 때 인생은 고양된다. 고독을 위한 의자, 우정을 위한 의자, 사귐을 위한 의자를 준비했던 소로우를 생각한다. 지금 우리는 어느 의자에 앉아 있는가?

불의에 저항할 때

하나님, 고요함이 없는 세상에 사는 동안
우리 영혼은 파리하게 야위고 말았습니다.
마주치는 사람들의 얼굴에는 피곤과 권태가 묻어있습니다.
내면의 빛이 어두워져 낯빛조차 어두운 이들이 너무 많습니다.
모두가 행복을 꿈꾸지만 마음 깊이 행복을 느끼고
또 그것을 누리는 사람을 만나기 어렵습니다.
주님, 삶의 본질에 집중할 수 있는 용기를 주십시오.
우리는 주님의 뜻을 다 이해하지 못합니다.
그럼에도 불구하고 주님의 뜻에 늘 귀를 기울이게 해주시고,
주님을 깊이 신뢰하게 해주십시오.

불의에 저항할 때는 용감하게 해주시고,
그러면서도 고요함 속으로 들어가
자신을 성찰하며 살게 해주십시오.
조화로운 삶을 위해 다른 이들을
깊이 배려하고 존경하게 해주시고,
우리 삶이 주님의 마음을 향한 순례임을
한 순간도 잊지 않게 해주십시오.
복음이 주는 자유 안에서
사랑의 승리자가 되게 해주십시오. 아멘.

빛의 알갱이 되어 /

먹고 사는 문제가 인생의 가장 중요한 문제로 인식될 때 인간의 존엄은 스러지고 만다. 돈이 주인 노릇하는 세상은 우리로 하여금 '다른 삶'을 상상하지 못하도록 만든다. 사람들이 하나 둘 돈의 전능함이라는 허구의 신화에서 벗어나는 순간, 행복을 구성하는 다른 방법을 알아차리는 순간, 자유와 진리에의 열정이 회복되는 순간, 우리를 휘몰아가던 그 맹목적인 열정은 잦아든다. 비로소 이웃의 얼굴이 보이기 시작한다. 그의 아픔에 공감하고, 그 아픔을 덜어주기 위해 몸을 낮춘다. 바로 그때 참 사람의 길이 열린다.

한 사람의
혁명

짓노란 달맞이꽃 옆으로 양달개비 푸른 꽃이 고개를 숙인 채 햇빛을 피하고 있다. 진딧물과 개미에게 시달리면서도 기어이 꽃을 피워냈던 함박꽃은 며칠 지나지 않아 그 큰 꽃잎을 떨구고 말았다. 사열하듯 살피꽃밭을 돌아보고 있는데, 오 놀라워라. 팔순의 할머니가 집에서 옮겨 심어놓은 어린 대추나무가 기어이 초록빛 꽃망울을 매달고 있다. 몸살을 심하게 해서 올해는 꽃을 피우기 어렵겠다고 생각하던 차였다. 참 고맙고 대견했다. 집으로 가는 길, 어느 대학 담장 너머로 수백 송이의 장미꽃들이 물끄러미 세상의 소란을 지켜보고 있었다.

함께 걷던 곁님이 문득 탄성을 발한다. "어머, 고추꽃이 피었네. 꽃이 피면 지지대를 세워줘야 하는데." 겨우 십 평방미터쯤 될까 싶은 공터에 고추와 상추가 몇 고랑씩 심겨져 있었다. 제법 농사꾼 같은 소리를 한다고 했더니, 아버님 덕분이라고 했다. 도시의 외곽에 사실 때나, 아들과 함께 전방 부대의 관사에 사실 때나 아버지는 자투리땅만 보면 뭔가를 심으셨다. 농부로 살아온 삶의 관성 때문이었으리라. 아버지가 심은 토마토는 실했고, 고추도 튼실했다. 동네 사람들은 무람없는 상찬으로 값을 대신 치르고는 그 열매를 즐겁게 나누어 먹었다. 곁님에게 아버지가 그렇게 채소를 잘 가꾸셨던 비결이 뭐냐고 물었더니 그건 지극정성이라 했다. 조석으로 밭에 나가 물을 주고, 밴 데는 솎아주고, 곁순은 잘라내고, 벌레를 잡아주고, 거기에 더해 두런두런 이야기까지 나누셨다는 것이다. 지극정성으로 돌보려는 마음을 빼놓고는 인간다움을 생각할 수 없다. 그 대상이 사람이든 다른 생명이든 간에 말이다. 이 마음을 잃어 우리는 풍요롭지만 가난뱅이로 산다.

한미 자유무역협정 체결로 인한 쌀시장 전면 개방이 코앞에 있고, 의료 민영화, 공기업의 민영화가 예견되는 상황 속에서 숯덩이로 변해 버린 농부들과 빈곤층의 시린 마음을 누가 헤아려 줄까? 설 땅이 점점 사라져 절망의 심연 앞에 서있는 비정규직 노동자들과 이주 노동자들의 마음을 보듬어 안아줄 이는 누구인가? 교회를 짓기 전에 가난한 이들을 찾아가 그들의 눈이 무엇을 말하는지를 먼저 살피라던 선각자의 말이 쇠북소리처럼 쟁쟁하다. 이 말은 정치에도 고스란히 적용되어야 한다. 하지만 문제는 다시 사람이다. 내가 변하지 않으면 세상도 변하지 않는다.

반 고흐, 〈씨 뿌리는 사람〉

깊이 각성된 한 사람이 검질기게 추구하는 새로운 삶의 길은 비록 좁지만 종국에
는 생명 세상과 통하게 될 것이다. 아침 저녁으로 식물에 물을 주고, 염천을 마다
하지 않고 밴 것을 솎아내고, 벌레를 잡아주는 농부의 마음으로 사는 사람이야말
로 혁명가가 아닌가? 누구는 그런 이를 가리켜 최초의 인간이라 했고, 하늘의 빛
과 만나 눈이 밝아진 바울은 그런 이를 가리켜 새로운 아담이라 했다. 시절은 바야
흐로 새로운 아담을 기다리고 있다.

호이나키의 《정의의 길로 비틀거리며 가다》를 읽다가 '한 사람의 혁명'이라는 말에 붙들렸다. 깊이 각성된 한 사람이 검질기게 추구하는 새로운 삶의 길은 비록 좁지만 종국에는 생명 세상과 통하게 될 것이다. 아침 저녁으로 식물에 물을 주고, 염천을 마다하지 않고 밴 것을 솎아내고, 벌레를 잡아주는 농부의 마음으로 사는 사람이야말로 혁명가가 아닌가? 누구는 그런 이를 가리켜 '최초의 인간'이라 했고, 하늘의 빛과 만나 눈이 밝아진 바울은 그런 이를 가리켜 '새로운 아담'이라 했다. 시절은 바야흐로 새로운 아담을 기다리고 있다.

홀로 찬 바람과
마주하는 나무처럼

한 의인이 소돔에 갔다. 소돔 사람들을 죄와 벌에서 구하기 위해서
였다. 그는 밤낮으로 거리와 시장을 돌아다니며 탐욕과 도둑질, 거
짓과 무관심을 버리라고 설교하였다. 사람들은 그의 말을 듣고 빈
정거리며 웃었다. 얼마 지나지 않아 사람들은 더 이상 그의 말에
귀를 기울이지 않았다. 그는 이미 소돔 사람들에게 흥미의 대상이
아니었던 것이다. 살인자는 계속해서 살인을 했고, 현자들은 계속
침묵했다. 어느 날 그 의인을 가엾게 여기던 한 아이가 다가와 왜
아무 소용없는 외침을 계속하느냐고 물었다. 그러자 의인은 자기
가 사람들을 변화시킬 수 없다는 사실을 이제는 알게 되었다면서
"내가 지금까지 소리를 지르고 있는 것은 사람들이 나를 변화시키
지 못하도록 하기 위해서"라고 말했다.

이 이야기는 1986년에 노벨 평화상을 수상한 엘리 비젤이

자전적 소설인《팔티엘의 비망록》도입부에 적어놓은 글이다. 이야기를 처음 접했던 1980년대 초반, 나는 마치 감전이라도 된 것 같은 충격을 느꼈다. 마음이 굳어진 이들의 가슴 앞에서 추락하는 말, 허공으로 흩어져버리는 말의 운명이 떠올랐기 때문일 것이다. 동시에 반응할 줄 모르는 대중들로 인해 절망할 수밖에 없었던 예언자의 고독에 대해 생각하지 않을 수 없었다. 엄혹한 역사를 향해 하늘의 뜻을 전하도록 부름 받은 이들의 보편적 운명이 그런 건지도 모르겠다는 생각이 드는 순간 옅은 비애감에서 헤어 나오기가 어려웠다. 예레미야도 일찍이 "내가 말할 때마다 외치며 파멸과 멸망을 선포하므로 여호와의 말씀으로 말미암아 내가 종일토록 치욕과 모욕 거리가" 되었다(예레미야 20:8)고 하소연하지 않았던가. 그 고독, 그 비애를 어찌 견뎌야 할까?

《팔티엘의 비망록》이 번역되어 나왔던 1981년에 이청준 선생의《잃어버린 말을 찾아서》라는 연작 소설집이 간행되었다. '언어사회학서설'이라는 부제를 달고 있는 이 책은 오직 일의적인 말들만 허용되었던 시기를 통과하면서 작가가 고민하던 말의 운명을 탐색한 결과물이었다. 이청준 선생은 작가의 책임을 비장하게 서술한다. "자유롭지 못하게 하는 것을 소설로써 고발하는 것, 의롭지 못한 일을 증언하는 것, 우리의 삶을 부당하게 간섭해 오거나 병들게 하거나 불행스럽게 만드는 모든 비인간적인 제도와 억압에 대항하여 싸우고 그것들을 이겨 나갈 용기를 모색하는 것"이야말로 진실을 추구하는 작가의 소명이라는 것이다. 소설가에게 주어진 진실에의 소명이 이러할진대 종교인들의 책임이야 더 말해 무엇할까. 하지만 안쓰럽게도 종교인들의 말, 특히 목사들의 말은 사람들의 가슴에까지 이르지 못하는 것이 아닌가 싶다. 예언자들의 언어나 예수의 언어는 때로는 시린 마음을 감싸 안는 미풍의 언어였고, 때로는 불의와 압제를 무너뜨리는 폭풍의 언어였다. 살아있는 말씀은 사건을 일으키게 마련이니 말이다.

말이 넘치는 시대에 말들은 제 집을 잃고 떠돌고 있다. 비릿한 욕망을 숨기기 위해 선한 말들로 제 행적을 치장하는 이들로 인해 말의 신뢰성이 훼손되고 말았다. 불의한 이들은 기호로 표상되는 말과 그 말이 내포한 뜻을 착종시킴으로 사람들을 혼란에 빠뜨린다. 가장 거룩해야 할 종교 언어가 때로는 구속복처럼 사람들을 부자유하게 만들고, 사람들의 가슴 속에 떨쳐버리기 어려운 그늘을 드리우기도 한다.

세계교회협의회가 열렸던 부산에서 세계인들은 한국교회의 현실을 목도하고 말았다. 확신에 찬 음성으로 다른 이들을 저주하는 사람들, 복음의 이름을 내세운 악다구니, 단호하고도 매몰찬 표정. 확신은 때로는 함정이 되기도 한다. 그래서 세상에서 가장 위험한 사람은 자기 확신에 가득 찬 사람들이다. 그들은 타자의 말에 귀를 기울일 생각이 없다. 물론 배우려고 하지도 않는다. 자기들이 가지고 있는 생각만을 자폐적으로 복제

할 뿐이다. 무사유의 전형이다. 한국교회의 가장 큰 문제는 성찰적 믿음의 부재이다. 성찰이란 타자와의 대면을 통해 드러난 자기 자신의 모습을 돌아봄이 아니던가? 타자를 부정의 대상으로만 보는 한 대화와 성찰은 발생하지 않는다.

서글프고 아프다. 가장 아름다운 복음이, 우주를 감싸 안을 만한 예수의 정신이 이렇게 축소·왜곡될 수 있다니. 가을바람에 낙엽이 한 잎 한 잎 떨어지고 있다. 이제 나무들은 졸가리로만 남아 겨울을 견딜 것이다. 장엄하지 않은가. 잎 진 후에 홀로 찬바람과 마주하는 나무처럼 벌거벗은 진리 하나만 굳게 붙들고 이 암울한 현실을 건너는 이들을 그리워한다.

말이 넘치는 시대에 말들은 제집을 잃고 떠돌고 있다.
비릿한 욕망을 숨기기 위해 선한 말들로
제 행적을 치장하는 이들로 인해 말의 신뢰성이 훼손되고 말았다.
불의한 이들은 기호로 표상되는 말과 그 말이 내포한 뜻을
착종시킴으로 사람들을 혼란에 빠뜨린다.
가장 거룩해야 할 종교 언어가 때로는 구속복처럼
사람들을 부자유하게 만들고,
사람들의 가슴 속에 떨쳐버리기 어려운 그늘을 드리우기도 한다.

바늘로 우물을 파는
참 바보

문학비평가 황현산 선생이 낸 생애 최초의 산문집에는 '30만
원으로 사는 사람'이라는 글이 있다. 수업 중에 한 학생이 시인
은 한 달에 얼마를 버는가 물었다. 얄궂은 질문이지만 답을 피
할 수 없어서, 시인마다 다르지만 어떤 시인은 시도 쓰고 길지
않은 산문도 써서 한 달에 평균 30만 원을 벌고 그것으로 생활
한다고 대답했다. 학생들은 납득할 수 없다는 표정을 지었다.
그런데 선생은 뒤늦게 자신의 대답이 달랐어야 함을 깨달았다.
"그 시인이 시인이기 때문에 30만 원을 버는 것이 아니라, 시
인이기 때문에 30만 원으로 당당하게 살 수 있는 것이라고 대
답했어야" 했다는 것이다. 물론 모든 시인이 다 그렇다고 말할
수는 없다. 하지만 그 시인이 가난하지만 구차하지 않을 수 있
었던 것은 비루함을 넘어선 '다른 세계'를 보았기 때문일 것이
다. 그 세계를 뭐라 일컬어야 할까? 삶의 깊이라 할까, 이면이

라 할까?

옛 사람은 본다고 해도 보이지 않고, 들어도 들리지 않고, 잡으려 해도 잡히지 않는 세계, 그 실체가 희미한 세계야말로 모든 생명의 뿌리라고 했다. 히브리의 한 시인은 그것을 "날은 날에게 말하고 밤은 밤에게 지식을 전하니 언어가 없고 들리는 소리도 없으나 그 소리가 온 땅에 통하고 그 말씀이 세계 끝까지 이르도다" 하고 노래했다. 하지만 그 은미한 세계는 오늘날 철저히 가려져 있다. 흐르는 물에 얼굴을 비춰볼 수 없는 것처럼 파편화된 시간 속에서 숨을 헐떡이며 달려가는 이들이 그 세계와 접속하기란 거의 불가능한 일이다. 종교는 질주하는 욕망에 대한 멈춤 신호여야 하고, 조각난 시간에 통전성을 부여해주는 성소여야 하고, 욕망에 부푼 눈에는 보이지 않는 그 세계를 열어 보여주는 렌즈여야 하지만 오늘의 종교는 그런 역할에 무능한 것처럼 보인다.

과연 교회는 그 세계와 접속을 유지하고 있는가? 외올실로 이어졌던 그 아슬아슬한 연결이 끊어지려는 징후가 도처에서 나타나고 있다. 크기의 신화가 거룩함이라는 지향을 대체한 후 교회는 더 이상 다른 세계에 눈길을 보내지 않는 것처럼 보인다. 오늘의 교회는 시인으로 하여금 30만 원으로도 당당하게 살 수 있게 해주었던 그 든든함과 넉넉함을 주고 있는가? 안타깝게도 그렇지 못한 것 같다. 오히려 추문거리가 되고 있다. 금융감독원이 상호금융권에 대한 감사를 벌이다 보니 교회에 대

출해 준 돈이 4조 9천억 원에 이른다 한다. 제1금융권이 대출해 준 4조원을 합하면 거의 10조에 이른다. 교회가 매달 금융권에 이자로 갚아야 하는 돈이 600억 원이라 하니, 과부의 두 렙돈을 칭찬했던 예수의 가르침이 무색해지고 있다. 세상 사람들은 세상의 '빛이 되라' 했더니 세상의 '빚이 되었다'며 비아냥거린다.

어쩌다 이 지경이 되었는가, 탄식하는 이들이 많다. '어쩌다'라는 단어는 문제로 떠오른 사안에 대해 자기는 책임이 없다는 사실을 넌지시 드러내기 위해 차용되곤 한다. 그래도 굳이 '어쩌다'라는 질문에 답해야 한다면 단도직입적으로 말할 수밖에 없다. 본질은 버리고 비본질을 취한 결과라고 말이다. 풍족함이나 편리함에 중독된 이들은 참 삶의 호출을 한사코 외면한다. 잘 구획되고 정비된 도시 공간은 세련되고 시원해 보이지만 사실은 비인간적인 공간일 때가 많다. 이질적인 타자들을 허용하지 않기 때문이다. 사람들 사이의 횡단적 교섭을 통

〈 옛 사람은 본다고 해도 보이지 않고, 들어도 들리지 않고, 잡으려 해도 잡히지 않는 세계, 그 실체가 보이지 않는 희미한 세계야말로 모든 생명의 뿌리라고 했다. 히브리의 한 시인은 그것을 "낮은 낮에게 말하고 밤은 밤에게 지식을 전하니 언어가 없고 들리는 소리도 없으나 그 소리가 온 땅에 통하고 그 말씀이 세계 끝까지 이르도다" 하고 노래했다. 하지만 그 은미한 세계는 오늘날 철저히 가려져 있다. 흐르는 물에 얼굴을 비춰볼 수 없는 것처럼 파편화된 시간 속에서 숨을 헐떡이며 달려가는 이들이 그 세계와 접속하기란 거의 불가능한 일이다. 종교는 질주하는 욕망에 대한 멈춤 신호여야 하고, 조각난 시간에 통전성을 부여해주는 성소여야 하고, 욕망에 부푼 눈에는 보이지 않는 그 세계를 열어 보여주는 렌즈여야 하지만 오늘의 종교는 그런 역할에 무능한 것처럼 보인다.

해 발생하는 삶의 이야기가 사라진 곳을 지배하는 것은 연봉
과 주택의 넓이 그리고 자동차 배기량 등의 숫자일 뿐이다. 교
회가 그런 곳이어서는 안 된다. 건물이 비록 낡고 비좁다 해도
그곳에서 빚어지는 삶의 이야기는 풍성해야 하지 않겠는가. 애
굽을 벗어난 탈출 공동체가 신을 만났던 회막을 누가 감히 초
라하다 하겠는가. 깔밋한 공간 속에서 복닥거리면서도 다른 세
계를 꿈꾸며 살기에 당당한 이들이 나와야 한다.

노벨문학상 수상작가인 오르한 파묵은 자기의 소설쓰기를
바늘로 우물 파듯 인내하는 과정으로 설명했다. 우리 앞에 있
는 저 거대한 탐욕의 바위를 파 생수가 돋아나는 우물을 만들
기 위해 바늘 하나를 가지고 나서는 참 바보들이 그리운 시절
이다.

바구니를
둘러엎는 사람

한 아이가 시장에서 사과를 파는 여자가 물건을 진열하는 모습을 물끄러미 바라보고 있었다. 여자는 바구니의 윗부분에는 맛있게 생긴 잘 익은 사과를 얹어 놓았고 아랫부분은 설익은 것들로 채워놓았다. 그 광경을 보고 눈에 불이 켜진 아홉 살짜리 소년은 바구니를 둘러엎어 그 여자의 장사를 망쳐 놓았다. 여자는 화가 치밀어올라 욕을 해대며 아이를 때렸다. 아이는 욕설과 매질을 견뎠다.

이 용감한 아홉 살짜리 소년은 나중에 19세기 유대교 갱신 운동의 주역이 된 랩 메나헴 멘들이다. 사람들은 그가 폴란드의 코츠크에서 살았다 하여 코츠커라고 부르기도 한다. 코츠커는 한평생을 오직 '진리' 추구에 매진했다. 그에게 있어 진리란 어떤 외부의 압력에도 굴복하지 않는 자유를 의미했다. 그는 무엇보다도 거짓을 미워했다. 거짓은 사람의 영혼을 비루함 속에 유폐시키는 감옥이라고 생각했기 때문이다. 물론 그는 사람이 얼마나 나약한지를 잘 알고 있었다. 하지만 나약함을 넘어 위대한 영혼을 지향할 때 사람은 사람다워진다고 생각했기에 그는 위험스럽기 그지없는 진리의 길에서 물러서지 않았다. 진리는 타협이 허락되지 않는 일종의 소환장인 것이다.

아브라함 조수아 헤셀은 말한다.

> 속이지 않고 산다는 것은 보통 사람들로서 미칠 수 없는 기준을 세우고 산다는 것이다. 대부분의 사람들은 타협, 평계, 상호 조정의 그늘 속에서 살아간다. 그들이 과연 가면을 쓰지 않고 자신의 나약함, 허무함, 이기심에 절은 모습을 보아낼 수 있겠는가?

희뿌연 안개가 시야를 가리듯이 거짓과 위선으로 가득 찬 세상은 우리로 하여금 참 삶의 길을 조망하지 못하도록 만든다. 일상 속에서 늘 접하는 거짓에 대해 우리는 어지간히 무감각해졌다. '괜히 거짓의 맨 얼굴을 폭로하려다가 봉변당할 필요는 없지 않나' 하는 생각이 포승줄처럼 우리를 묶고 있다. 어떠한 거짓과 위선에도 우리는 눈을 부릅뜨지 않는다. 눈을 부릅뜨기는커녕 짐짓 모른 체 하며 시선을 돌려버린다. 에드먼드 버크는 '악이 승리하기 위한 유일한 조건은 선한 사람들이 아무 일도 안하는 것'이라고 말했다. 설익은 것들을 감추기 위해 잘 익은 견본이 사용될 때 언제라도 바구니를 둘러엎는 사람이 있다면 세상은 지금보다 조금은 더 살만한 곳이 될 것이다.

김수영 시인은 〈어느 날 고궁을 나오며〉라는 시에서 자기의 비겁을 바닥까지 돌아본다. "왜 나는 조그마한 일에만 분개하는가"라는 말로 시작되는 시는, 설렁탕집 주인이나 돈 몇 십원 받으려 몇 번씩 찾아오는 야경꾼 등 무력한 사람들에게만화를 내는 자신의 모습을 가감 없이 폭로한다. 사회에 만연해있는 불의를 폭로하거나, 정의를 요구하는 일 등 위험이 예기되는 일은 하지 않는다. 그는 '옹졸한 나의 전통은 유구하고 이제 내 앞에 정서로 가로놓여있다'고 말한다. 아, 정서가 되어버린 옹졸함이라니. 참 아프다. 위대한 영혼이라는 말이 새삼스럽기만 하다. 아픈 반성 끝에 그는 자조적으로 노래한다.

모래야 나는 얼마큼 적으냐

바람아 먼지야 풀아 나는 얼마큼 적으냐

정말 얼마큼 적으냐…

이 시의 독자들은 마치 거울을 통해 보듯 자기 자신의 실상을 돌아보지 않을 수 없다. 그 옹졸하고 비겁한 자신의 모습을숨기기 위해 우리가 동원하곤 하는 교양의 가리개는 이미 벗겨지고 없다.

먹고 사는 문제가 인생의 가장 중요한 문제로 인식될 때 인간의 존엄은 스러지고 만다. 돈이 주인 노릇하는 세상은 우리

먹고 사는 문제가
인생의 가장 중요한 문제로 인식될 때
인간의 존엄은 스러지고 만다.
돈이 주인 노릇하는 세상은 우리로 하여금
'다른 삶'을 상상하지 못하도록 만든다.
사람들이 하나 둘 돈의 전능함이라는
허구의 신화에서 벗어나는 순간,
행복을 구성하는 다른 방법을 알아차리는 순간,
자유와 진리에의 열정이 회복되는 순간,
우리를 휘몰아가던 그 맹목적인 열정은 잦아든다.
비로소 이웃의 얼굴이 보이기 시작한다.
그의 아픔에 공감하고,
그 아픔을 덜어주기 위해 몸을 낮춘다.
바로 그때 참 사람의 길이 열린다.

로 하여금 '다른 삶'을 상상하지 못하도록 만든다. 사람들이 하나 둘 돈의 전능함이라는 허구의 신화에서 벗어나는 순간, 행복을 구성하는 다른 방법을 알아차리는 순간, 자유와 진리에의 열정이 회복되는 순간, 우리를 휘몰아가던 그 돈에 대한 맹목적인 열정은 잦아들게 된다. 그때 비로소 이웃의 얼굴이 보이기 시작한다. 그의 아픔에 공감하고, 그 아픔을 덜어주기 위해 몸을 낮춘다. 바로 그때 참 사람의 길이 열린다.

엎드림으로
깨어나라

세속에 대한 흥미가 강렬하면 바쁘기를 구하지 않더라도 바쁨이 절로 이르고, 세속을 향한 흥취가 담담하면 한가하기를 힘쓰지 않아도 한가함이 절로 이른다.

명나라 사람 육소형陸紹珩의 말이다. 돌아본다. 오늘 한가함을 갈망하면서도 늘 시간에 쫓기듯 사는 것은 세속에 대한 흥미가 강렬하기 때문인가?

한자로 분주하다는 뜻의 망忙과 잊는다는 뜻의 망忘은 위치만 바뀌었을 뿐 마음 심心과 망할 망亡이라는 구성요소는 똑같다. 분주하면 잊게 마련이라는 뜻일까? 그 잊음이 사소한 것이라면 문제될 게 없지만, 그것이 삶의 근본이라면 심각한 문제가 아닐 수 없다. 스케줄 표를 보면서 한숨을 내쉴 때가 있다. 갑자기 숨이 가빠지고, 마음이 아득해진다. 그때마다 떠오르는 것은 호메로스가 들려주는 기묘한 이야기다.

트로이 전쟁이 끝난 후 고향인 이타카를 향해 가던 오디세우스 일행은 마녀 키르케의 섬에 당도한다. 정찰을 나갔던 오디세우스의 부하들은 그 섬의 주인인 키르케가 건네주는 약초즙을 받아 마시는 순간 돼지로 변신한다. 갑자기 몸에서 털이 돋아나고 허리는 굽혀져 손이 바닥에 닿고 입이 앞으로 튀어나왔던 것이다. 당혹과 두려움 속에서 소리를 질렀지만 그 소리는 인간의 말이 아니라 돼지의 꿀꿀거림이었다. 변신 그 자체보다 더 큰 문제는 돼지의 몸에 돼지의 목청을 가지고 있지만 정신은 멀쩡한 사람이라는 것이다. 어쩌면 이 기묘한 어긋남은 모든 인간 실존이 처해 있는 한계상황인지도 모르겠다.

이런 한계상황에서 사람들이 선택할 수 있는 가능성은 둘이다. 하나는 자신이 인간이었다는 기억을 털어버리고 돼지로서의 삶을 받아들이는 것이고, 다른 하나는 고통스럽더라도 인간으로서의 기억을 유지하기 위해 망각에 저항하는 것이다. 어느 쪽을 택할 것인가? 자기 불화를 직시한다는 것은 늘 힘겨운 일이기에 사람들은 일쑤 망각의 강물에 자신을 던지곤 한다. 망각의 기법은 단순하다. 탐닉할 것들을 만드는 것이다. 현대 문명은 자기 응시의 고통을 회피하려는 사람들을 위해 친절하게도 탐닉할 것들을 끊임없이 만들어낸다. 그것이 외적 대상물일 수도 있고, 자기 만족감일 수도 있다. 문제는 뭔가에 탐닉하면서도 내면에 깃드는 공허함은 줄어들지 않는다는 것이다.

　호메로스가 던지는 질문은 형태는 다르지만 성경의 첫 대목에도 나온다. 히브리 성경은 인간을 '하나님의 형상'이라 선언한다. 하나님의 형상이라는 말을 타자에게 적용할 때 우리는 세상의 어떤 사람도 함부로 대할 수 없게 된다. 사람들을 모욕하고 학대하고 억누르는 것은 곧 하나님을 대적하는 일이 되기 때문이다. 하나님의 형상이라는 말을 자신에게 적용하면 문제는 더욱 심오해진다. 인간의 인간됨은 이웃과의 관계 속에서 눈에 보이지 않는 하나님을 가시적으로 드러내는 것과 관련되기 때문이다.

　그리스도인으로 산다는 것은 어쩌면 이 사실을 명심하고 살아야 하는 것이 되어야 할 것이다. 요한복음에서 예수는 자신을 '보냄을 받은 자'라고 했다. 그의 말과 실천은 모두 보내신 분의 뜻을 수행하는 일이었다. 그렇기에 그의 죽음은 보내신 분께 돌아감이었고, 소명을 이룬 자의 홀가분함으로 '내가 세상을 이겼다' 할 수 있었던 것이다. 현대인을 가리켜 '메시지를 잃어버린 메신저'라고 말한 이가 있다. 기가 막힌 상황 아닌가? 오긴 왔는데 왜 왔는지는 모른다. 우리 삶이 가리산지리산 정처 없고 부평초처럼 부박하기 이를 데 없는 것은 '마땅히 해야 할 바'를 잊고 있기 때문일 것이다.

　다섯 가지 색이 눈을 멀게 하고 다섯 가지 소리가 귀를 어둡게 한다. 온갖 맛이 맛을 잃게 하고, 사냥질에 뛰어다니는 것이 사람 마음을 미치게 하고, 얻기 힘든 보화가 사람의 행실을 어지럽게 한다. 춘추전국시대에 살았던 한 현인의 말이 어쩜 이리도 인간 현실에 적확하게 들어맞는지 모르겠다. 그 온갖 것을 얻기 위해 우리는 진짜 중요한 한 가지를 잊고 사는지도 모른다. 생명의 원천과의 깊은 통교를 잃어버린 삶은 무기력하기가 이를 데 없다. 달팽이는 체액이 마르지 않는 한 자꾸만 벽을 타고 오르다가 결국에는 꼭대기에 이르러 말라 죽는다지 않던가? 욕망은 달콤하지만 결국에는 욕망의 주체를 태워 죽이고 만다. 욕망의 터 위에 세운 실존의 기본 정조는 불안과 헛헛함이다. 그것은 세상의 어떤 것으로도 달랠 수 없고 채울 수가 없다.

바울의 말을 숙연하게 경청한다.

이제는 자다가 깰 때가 되었다.

모든 때가 깨어야 할 때이다. 이제는 창문을 열어 후텁지근해진 공기를 환기시키고, 어지럽게 흐트러진 이부자리를 개고, 찬 물에 얼굴을 씻고, 옷차림을 단정하게 하고, 조용히 앉아야 할 때이다. 해야 할 일을 향해 분주하게 달려가려는 마음을 잠시 거두고 '내가 누구인지', '오늘 내게 품부된 일이 무엇인지'를 묻고 또 물어야 한다. 덧정 없이 스산하기만 한 삶을 고치기 위해서는 우리 마음을 마음의 주인이신 분께 자꾸 가져가야 한다.

그러기 위해서는 삶의 속도를 줄이고, 마디 없는 시간에 마

디를 만들어야 한다. 자아를 내려놓고 해야 할 많은 일로부터
스스로를 단절할 때 비로소 삶의 다른 차원에 눈을 뜨게 된다.
삶의 다른 차원에 접속될 때 중력처럼 우리를 잡아당기던 욕
망은 줄어든다. 자신의 열정과 욕망으로부터 한 걸음 물러서서
바라볼 때 '지금'이야말로 은총의 순간임을 알게 된다. 고단한
삶에 지쳐 생명이 기적임을 알지 못하고 사는 것이야말로 타
락이 아니겠는가? 이미 생명의 잔치가 벌어지고 있는데, 할 일
이 많다고 그 잔치에 참석하지 못하는 것이야말로 죄가 아니
겠는가? 내면에 신령한 새싹이 움트면 세상은 전혀 다른 모습
으로 다가온다. 구상 시인은 그것을 "어둠으로 감싸여 있던 만
물들이/저마다 총총한 별이 되어 반짝이고/그물코처럼 엉키고
설킨 事理들이/타래실처럼 술술 풀린다"고 표현했다.

　가끔 무슬림들이 길거리에 엎드려 메카를 향해 엎드려 기도
를 올리는 모습을 본다. 종교의 차이를 넘어 마음이 숙연해진
다. 그들은 엎드림이야말로 인간됨의 본질임을 몸으로 보여주
고 있는 것이다. 지금 우리는 무엇 앞에 엎드려 있는가? 깨어
있는 삶이란 마땅히 엎드려야 할 분 앞에 엎드리는 것이다. 엎
드릴 수 있어야 솟구쳐 일어설 수도 있지 않겠는가.

누가
사람인가?

며칠 전 엘리베이터 안에서 귀여운 복면강도를 만났다. 검은 마스크에 검은 모자까지 깊이 눌러 쓴 그는 선한 눈빛으로 나를 바라보다가 문이 닫히고 엘리베이터가 움직이자 손가락 총을 겨누며 말했다. "손드세요." 심드렁한 표정으로 "응?" 하고 되묻자 그는 다시 한 번 "손드세요" 하고 말했다. 장난에 응해 줄 생각으로 손을 들자 그는 "나 강도 아닌데"라며 눈으로 웃었다. 손을 내려도 되냐고 묻자 맘대로 하라는 대답이 돌아왔다. 그는 왜 그런 장난을 했을까? 어쩌면 자기 복장이 다른 이들에게 불안감을 안겨줄 수도 있다는 생각이 들었던 것인지도 모르겠다. 그는 자기가 위험한 사람이 아니라는 것을 알리기 위해 그런 표현 수단을 택한 것 같다. 정신지체장애인으로 보이는 그는 사무실에 휴지를 팔러 가던 길이었다.

  왠지 가슴이 훈훈했다. 그래서 떠오른 것이 피천득 선생의 시 〈꽃씨와 도둑〉이었다.

　　마당에 꽃이
　　많이 피었구나

　　방에는
　　책들만 있구나

　　가을에 와서
　　꽃씨나 가져 가야지

　담장을 넘던 도둑은 마당가에 지천으로 피어있는 꽃에 눈길을 준다. 참 마음이 한가한 도둑이다. 슬며시 방을 들여다보지만 있는 거라곤 온통 책뿐이다. 공친 날이다. 그런데 그다지 속이 상한 것 같지는 않다. 가을에 와서 꽃씨나 가져가야겠다는 생각이 들었으니 말이다. 이 시가 독자들에게 마련해준 여백이 참으로 넉넉하지 않은가.

　바쁜 마음에는 보이지 않는 것들이 있다. '너'의 자리이다. '너'의 자리에 나를 세워보지 않고는 이해도 소통도 불가능하다. 방법은 서툴렀지만 그 귀여운 강도는 자기 앞에 서있는 타인이 느낄 불안을 헤아리고 있었다. 마음이 훈훈해진 것은 그 때문이다. 하지만 바깥은 여전히 겨울이다. 무정한 세상이다.

태안군 의향리의 어민 이영권 씨가 자살로 생을 마감했다. 여러 해 정성들여 가꿔온 굴양식장이 유출된 기름으로 말미암아 폐허로 변하고, 살아갈 길이 막막해지자 죽음의 심연으로 뛰어들고 만 것이다. 그런데 정작 사건을 일으킨 당사자라 할 수 있는 삼성중공업이나 현대오일뱅크는 입을 굳게 다문 채 어떤 사죄의 몸짓도 보이질 않는다. 우리는 여기서 일그러진 자본의 모습을 본다. 자본은 세상을 이익과 손해의 관점에서 볼 뿐, 한 사람 한 사람이 겪는 아픔과 절망에 대해서는 무관심하다. '인간의 얼굴을 한 자본'이란 말은 형용모순에 불과한 것인가?

근대화 이후 우리가 잃어버린 소중한 가치 가운데 하나가 배려이다. 자본에 의해 확대재생산 되는 욕망의 굴레를 돌리느라 우리 마음은 묵정밭으로 변하고 말았다. 사회적 유대가 붕괴되면서 파시스트적인 변화의 속도에 적응하지 못하는 이들은 주변화 되고 있다. 우승열패優勝劣敗의 신화가 지배하는 사회에서 패자의 자리는 없다. 유대인들은 신을 "많은 영혼과 그들의 결함을 창조하신 분"이라고 고백한다. '결함을 창조하신 분'이라는 고백이 매우 신선하다. 우리는 모든 것을 가지고 있지 않기 때문에 다른 사람의 도움을 필요로 한다. 누가 사람인가? 홀로 자족한 사람이 아니라 기꺼이 누군가의 도움을 받아들이고, 또 도울 줄 아는 사람이다. 더불어 있음의 바탕은 배려이다. 시절은 바야흐로 우리 정치·경제·문화 속에 배려의 숨결을 불어넣을 참 사람을 기다리고 있다.

잔다리를 밟아
높은 자리를 차지한다 해도

요즘 젊은이들에게 꿈이 뭐냐고 물으면 정규직이라고 대답하는 이들이 있다고 한다. 그 절박함에 가슴이 얼얼해진다. 그러는 한편 가슴 가득 분노가 인다. 젊은이들의 관심이 온통 먹고 사는 일에 집중되는 사회는 건강한 사회가 아니다. 젊은이들로 하여금 정신적 왜소증에 시달리게 만드는 세상은 미래가 없다. 유대인 철학자 아브라함 조수아 헤셸의 말이 떠오른다. 그는 그리스인들은 앎 그 자체를 위해 배웠고 히브리인들은 경외하기 위해 배웠지만 현대인들은 써먹기 위해 배운다고 말했다. 소위 실용적 지식이 대세가 되고 있다는 말이다. 그럴수록 인간다움에 대한 관심은 뒷전으로 밀릴 수밖에 없다. 잔다리를 밟아 높은 자리를 차지한다 해도 인간다운 품격을 갖추지 못한다면 그 인생은 실패다.

들릴라의 무릎을 벤 채 달콤한 꿈에 취했던 삼손이 떠오른

다. 나른하고 포근한 행복감에 젖어들던 바로 그때 그는 머리
카락이 잘렸고 산을 뽑을 듯하던 기운도 잃어버렸다. 적들을
향해 불이라도 쏟아낼 것 같았던 눈마저 뽑힌 그는, 조롱하는
적들 앞에서 맷돌을 돌려야 했다. 자기가 누구인지를 망각한
자의 비극이다. 들릴라는 오늘도 성공 혹은 행복이라는 환상을
보여주며 사람들을 자기 무릎 위에 눕히려 한다. 저항하기 힘
든 유혹이다. 들릴라의 손짓을 오연하게 뿌리칠 수는 없을까?
자기 삶의 주체로 바로 설 때 가능하다.

시카고 대학교의 석좌교수인 마사 누스바움은 《공부를 넘어
교육으로》라는 책에서 "비판적으로 사고할 수 있는 능력, 지역
적 차원의 열정을 뛰어넘어 '세계 시민'으로서 세계의 문제에
접근할 수 있는 능력, 그리고 마지막으로 다른 사람의 곤경에
공감하는 태도로 상상할 수 있는 능력"을 함양하는 것이 교육
의 과제라고 말한다. 그렇다고 하여 실용적인 능력을 키워주는
교육을 부정하는 것은 아니다. 다만 신자본주의 경제 질서에
편입된 교육체제가 소홀히 하고 있는 부분을 강조하는 것이다.
공감의 능력을 키워주는 일이야말로 지금 우리 교육의 가장
중요한 과제가 아닐까 싶다.

우리 삶이 각박해진 까닭은 돈과 성공을 신처럼 섬기고 있
기 때문이다. 이익이 삶의 중심 가치가 될 때 사람은 교체 가능
한 부품이나 쓰고 버릴 수 있는 소비재 취급을 받게 된다. 그런
세상은 사람을 제물로 받는 몰록신이 지배하는 세상이다.

어린 시절 아버지는 익지 못한 채 떨어진 감 열매를 소금물
이나 쌀독에 묻어 두었다가 떫은 기가 가시면 간식거리로 주
셨다. 여름이 끝날 무렵 참외 덩굴을 걷다가 채 익지 않은 열매
를 보면 그것조차 거두어들여 된장에 박아놓았다가 겨울 반찬
으로 삼곤 했다. 도사리까지도 여퉈두던 그 마음, 배추 꼬리 하
나까지도 함부로 버리지 않는 그 살뜰함, 오래 사용해 사그랑
이가 되어버린 도구들도 버리지 않고 기어코 다른 쓸모를 찾
아주던 그 살림의 손길이 그립다. 거리를 들뜨게 만들던 젊은
이들이 세파에 떠밀려 허든거리지 않고 자기다운 삶을 누릴
수 있기를 바란다.

루카스 크라나흐,
〈삼손과 드릴라〉

들릴라의 무릎을 벤 채 달콤한 꿈에 취했던 삼손이 떠오른다.
나른하고 포근한 행복감에 젖어들던 바로 그 때
그는 머리카락을 잘렸고 산을 뽑을 듯하던 기운도 잃어버렸다.
적들을 향해 불이라도 쏟아낼 것 같았던 눈도 뽑히고,
조롱하는 적들 앞에서 맷돌을 돌려야 했다.
자기가 누구인지를 망각한 자의 비극이다.
들릴라는 오늘도 성공 혹은 행복이라는 환상을 보여주며
사람들을 자기 무릎 위에 눕히려 한다. 저항하기 힘든 유혹이다.
들릴라의 손짓을 오연하게 뿌리칠 수는 없을까?
자기 삶의 주체로 바로 설 때 가능하다.

봄바람이
차갑다

낭충봉아유충병囊蟲蜂兒幼蟲病, 낯설기 이를 데 없는 말이다. 하도 다양한 전염병이 시도 때도 없이 몰려오니 올 봄에 우리를 찾아오는 불청객쯤으로 치부할 수도 있겠다. 그러나 낭충봉아유충병은 꿀벌 유충에 생기는 바이러스성 전염병을 이르는 말이란다. 꿀벌이 폐사하고 있다는 이야기는 상당히 오래 전부터 지적되어 왔다. 기후변화 문제의 심각성을 말할 때마다 꿀벌의 죽음을 하나의 징조적 사건으로 받아들여야 한다고 말하곤 했다. 생태계가 서로 의존 관계에 있다는 사실을 사람들은 머리로는 알고 있지만, 체감하지는 못한다. 그러나 꿀벌의 죽음이 세계 식량 생산에 심대한 영향을 미칠 수도 있다고 말하면 사람들의 표정이 다소 진지해진다. 세계 100대 작물 가운데 71개가 벌과 나비의 수분활동에 의지하고 있다. 그렇다면 꿀벌의 죽음이 인간의 생존에 무관하다 할 수 없다.

레이첼 카슨이 《침묵의 봄》에서 새 소리가 들리지 않는 봄이 올지도 모른다는 음울한 경고를 발한 지 50년이 지났다. 고맙게도 우리는 지금 봄 신명에 지펴 하늘을 나는 새들의 비행을 황홀하게 바라보고 있다. 꽃그늘에 숨어 꽃잎과 수작하는 새들을 보며 생명의 비의를 엿본 듯한 착각에 사로잡히기도 한다. 레이첼 카슨의 예고는 지나치게 성급했던 것일까?

산수유와 생강나무의 노란 꽃이 피어날 때면, 잿빛 겨울을 나면서 어디에서 저 빛깔을 모았을까 감탄하지 않을 수 없다. 매화나무에 꽃이 피고, 백목련 자목련이 앞 다투어 피어나고, 벚꽃이 만개할 무렵이 되면 사람들은 누구의 초대라도 받은 듯 싱숭생숭해 한다. 봄볕을 쬐러 밖으로 나온 이들은 누가 먼저랄 것도 없이 나무와 풀꽃들에 눈길을 주다가 문득 시구를 떠올리며 스스로 대견해 하기도 한다.

자세히 보아야
예쁘다

오래 보아야
사랑스럽다

너도 그렇다.
_나태주, 〈풀꽃〉

　좋은 일 아닌가? 시로부터의 소외가 현대인들의 비극 가운데 하나라는 데 이렇게라도 시구를 떠올릴 수 있다는 것, 고마운 일이다. 봄은 바야흐로 잃어버렸던 생명의 연대를 회복하라는 초대장이다.

　《홍길동전》의 저자인 허균은 불운한 천재였다. 관료사회에 적응하며 살기에 그는 지나치게 자유로운 사람이었다. 그의 글에서 느껴지는 서슬 푸른 결기는 자기 시대와 불화하는 사람의 신음소리일 것이다. 그에게 있어서 봄은 무작정 행복한 시간이 아니다. 그는 봄 이후의 시간을 내다본다.

　　복사꽃 오얏꽃 부귀를 다투어 자랑하며
　　대나무 소나무를 쓸쓸하다 비웃네.
　　석 달이라 봄빛이 잠깐 사이 가버리면
　　소나무 대나무만 만 겹으로 푸르리라.

　허균은 화려한 봄꽃이기보다는 만 겹으로 푸르른 나무가 되기를 바란다. 봄꽃이 될 수 없는 자의 시샘으로 도외시할 수도 있겠다. 하지만 그의 눈은 조금 더 깊은 곳을 응시하고 있다. 현상에 붙들리지 않는 시선, 그것이 그를 불우하게 만들기도 하고 자유롭게 만들기도 한다. 그의 다른 시 하나를 떠올린다.

사나운 바람 한 번 불면 밖에 핀 꽃은 다 지고, 안에 핀 꽃만 남게 됨을 누가 알았을까? 굳이 말하자면 신앙의 과정이란 우리 속에 예수의 꽃을 피우는 일일 것이다. 예수가 피로써 피웠던 그 꽃이 우리 속에 있는가? 그렇다면 우리는 봄 신명에 지피듯 그분의 마음에 지펴 살지 않을 수 없다.

떨어진 꽃잎 바람 따라 저마다 날아가서

하나는 주렴 위로 또 하나는 웅덩이로,

영화와 욕됨을 그 누가 알리, 모두가 천분임을.

바람이 마음 써서 그리 된 것 아니라네.

_《교산 허균 시선》 중에서, 허경진 엮음

꽃은 지게 마련이다. 땅에 떨어져 사람들의 발길에 채이기도 하고, 웅덩이에 떨어져 물결 이는 대로 흔들리기도 하고, 주렴 위에 떨어져 제법 운치를 더할 수도 있다. 어느 쪽이건 그건 천분일 뿐이다. 임의로 부는 바람에 달렸다는 말이다. 그러니 서러워 할 것도 없고, 자랑스러워 할 것도 없다. 사람들은 자신에게 닥친 불운에 혀를 차기도 하고, 뜻밖에 찾아온 행운에 기꺼워하기도 한다. 하지만 허균의 눈은 더 깊은 곳을 바라본다. 그 모든 게 낮에 꾸는 꿈과 같을 뿐이다. 본질의 세계를 붙잡지 못한 이들은 현상의 변화에 따라 일희일비한다. 잠시 봄 신명에 겨워 생명의 연대에 동참했던 이들도 꽃이 지고 나면 일상의 삶으로 재빠르게 돌아갈 것이다. 투덜거리고, 불뚝거리고, 한숨을 내쉬고, 탓하고 그리고 아주 가끔 삶에 대해 고마워하기도 하면서 살아갈 것이다. 인간의 삶은 이렇게 진부하다.

이 봄, 예수를 생각한다. 병든 자를 고치고, 귀신을 쫓아내고, 물 위를 걷고, 굶주린 이들을 위해 광야에 식탁을 차렸을 때,

그리고 종교인들의 위선을 가차 없이 꾸짖었을 때, 소외되었던 이들은 환호했고, 제자들은 우쭐했고, 기득권자들은 눈을 치뜨기 시작했다. 사나운 바람 한 번 불면 밖에 핀 꽃은 다 지고, 안에 핀 꽃만 남게 됨을 누가 알았을까? 굳이 말하자면 신앙의 과정이란 우리 속에 예수의 꽃을 피우는 일일 것이다. 예수가 피로써 피웠던 그 꽃은 지금 우리 속에 있는가? 그렇다면 우리는 봄 신명에 지피듯 그분의 마음에 지펴 살지 않을 수 없다. 그러나 주위를 둘러보면 예수의 심정을 알아차리는 이들이 많지 않다.

예수는 살아 계실 때도 외로웠지만, 당신의 이름을 부르는 이들이 지천인 이 세상에서도 외롭다. 다들 사랑한다고, 믿는다고 말하지만, 그분의 마음을 알아드리지는 않으니 말이다. 어느 시인은 다리를 재빠르게 통과하는 사람은 다리를 외롭게 하는 사람이라 했다. 그 다리 위에 잠시 멈춰 풍경도 감상하고, 숨도 고르고 가면 좋으련만 모두가 너무 분주하다. 예수의 마음을 잃어 우리는 예수의 향기를 잃은 것인지도 모른다. 예수를 외롭게 만들어, 우리가 외로워진 것인지도 모른다.

뜬금없는 말이지만 예수가 꿀벌이라는 생각이 든다. 우리 마음에 하늘의 뜻을 수정시켜 주는. 그런데 그 꿀벌이 죽어가고 있다. 인간의 욕망이 하나님보다 높임을 받는 세상 아닌가.

봄바람이 차갑다.

피르자다 씨의
시간

《피르자다 씨가 식사하러 왔을 때》는 줌파 라히리의 단편소설
제목이다. 피르자다는 지금은 방글라데시의 수도이지만 과거
에는 파키스탄의 일부였던 다카에서 식물학 교수로 재직했던
사람이다. 정부의 후원으로 뉴잉글랜드 지역의 나뭇잎을 연구
하러 미국에 온 사이 조국은 내전에 휩싸였고 다카에 남아있
던 가족들과도 연락이 끊기고 말았다. 인도 출신의 대학 교수
인 '나'의 아버지는 피르자다 씨를 집으로 초대해 음식을 나누
곤 했다. '나'는 당시 어른들이 나누는 대화 내용을 이해할 수
없었지만 먼 훗날까지도 음식을 먹기 전에 피르자다 씨가 했
던 이상한 행동은 생생하게 기억할 수 있다.

가슴 호주머니에 넣어둔 시곗줄이 없는 평범한 은색 시계를 꺼내
주위에 흰머리가 촘촘히 난 귀에 잠깐 갖다 댄 다음, 엄지와 검지

로 재빨리 태엽을 세 번 감았다. 그는 나에게, 손목에 찬 시계와는 달리 호주머니 시계는 다카 지역의 시간에 맞춰져 있어서 열한 시간 빠르다고 설명해주었다. 식사를 하는 내내 그 시계는 커피 테이블 위의 종이 냅킨에 놓여 있었다. 그가 그 시계를 들여다보는 일은 없었다 (《축복받은 집》, 59쪽).

피르자다 씨가 커피 테이블 위에 은색 시계를 내려놓은 모습을 떠올려본다. 그 의례적인 동작은 독자들의 가슴에 깊은 울림을 남긴다. 한 마디 말도 없고, 시계를 들여다보지도 않지만, 그 절제된 몸짓이 자아내는 뜨거움이 크다. 그 시계는 그리움이고, 가족들이 안전하기를 비는 기도이고, '이곳'과 '저곳' 사이의 어긋난 시간에 대한 안타까움이다. 피르자다 씨가 그 곤혹스런 시간을 견딜 수 있었던 것은, 그를 위해 식탁을 차리고 함께 뉴스를 보며 안타까워 해 줄 수 있는 이웃이 있었기 때문이다.

유대교의 한 랍비는 오랫동안 바라고 꿈꾸던 일이 어그러지자 큰 상실감에 사로잡혔다. 그런 상황을 직감적으로 알아차린 친구가 그들 부부를 좋은 식당으로 초대했다. 그 일에 대해서는 피차 언급을 자제했다. 하지만 친구의 따뜻한 마음 하나만으로도 랍비의 마음은 이미 평화로워졌다. 친구가 대접한 음식은 애정 어린 돌봄의 상징이었고 성찬이었다. 유대교에는 '북돋는 식사meal of replenishment'라는 아름다운 전통이 있다. 장

세월호 참사를 겪은 유가족들을 향해 '그만 하면 되지 않았느냐',
'이제 그만 해라', '그 문제에 붙들려 경제가 어렵다'고 말하는 것은
사회가 가하는 폭력이다.

례식을 마치고 집에 돌아올 유족들을 위해 친구들이 식탁을 차리는 것을 일컫는 말이다. 그들이 차리는 것은 베이글과 커피 정도지만, 그것은 크나큰 상실감에 사로잡힌 이들에게 누군가 내 곁에 있다는 사실을 상기시키는 것이다.

세월호 참사가 일어난 지 벌써 7개월을 향해 가고 있다. 설만 무성할 뿐 아무 것도 밝혀진 것은 없다. 어떤 이들은 그 사건이 잊히기를 학수고대하고 있고, 어떤 이들은 그 사건이 망각의 강물에 떠내려가지 않도록 하기 위해 안간힘을 다하고 있다. 서 있는 삶의 자리가 다르고, 지향도 다르기 때문일 것이다. 피르자다 씨가 커피 테이블에 올려놓은 시간은 현실의 시간과 열한 시간 차이가 난다. 그 '시차'가 피르자다 씨의 현실을 힘겹게 만든다.

프로이트는 〈애도와 우울증〉을 통해 상실에 대한 두 가지 반응태도를 밝히고 있다. 애도와 우울증은 모두 사랑하는 이의 상실 혹은 자기가 집착하고 있었던 이상의 좌절에 대한 반응이다. 애도의 경우에는 현실을 수용할 수 있을 만큼의 시간이 경과한 후에 상실의 충격에서 벗어나게 된다. 하지만 우울증은 상실한 대상과 자신을 무의식적으로 동일시함으로써 대상 상실을 자아 상실로 받아들인다. 커다란 상실감에 사로잡힌 이들에게 필요한 것은 시간이다. 당사자가 현실을 수용하기까지 주변 사람들은 인내하며 기다려 주어야 한다. 세월호 참사를 겪은 유가족들을 향해 '그만 하면 되지 않았느냐', '이제 그만 해라', '그 문제에 붙들려 경제가 어렵다'고 말하는 것은 사회가 가하는 폭력이다.

문제는 우울증이다. 너무나 억울해서 사랑하는 이를 차마 떠나보낼 수 없는 이들의 경우 정상적인 삶이 거의 불가능해진다. 내면이 황폐해지기 쉽다. 지금 무엇보다 그들에게 필요한 것은 진상규명이다. 왜 사랑하는 이들이 속절없이 죽어가야 했는지를 밝히지 못한다면 그들의 우울증은 더 깊어질 것이다. 그들에게 또 필요한 것은 '이웃'이다. 애도의 시간을 함께 해주는 사람들, 그 슬픔에 깊이 공감하는 사람들, 그들을 일상적인 삶의 자리로 인도해 줄 벗들 말이다.

예수는 '누가 내 이웃이냐?'는 한 젊은이의 질문에 사람의 사람다움은 '누군가의 이웃이 되어 주는 것'이라고 대답했다. 지금 우리는 누구의 이웃인가?

세월호 유가족들의 고통과 아픔, 피울음소리는
우리에게 사람됨에 대해 묻고 있다.
사람은 누군가의 요구에
응답함을 통해 사람다워진다.
세상에서 가장 소중한 것을 잃어버린 사람들,
그것을 다시 회복할 가능성조차
잃어버린 사람들이 느끼는
정서적 반응은 슬픔일 수밖에 없다.
터져 나오는 울음은 입을 가린다고
잦아드는 것이 아니다.
그 애도의 시간조차
기다려주지 않으려 하는 조급함이
우리 사회를 어둡게 한다.

낮은 곳을 향해 흐르는 물처럼

거룩하신 하나님, 날이 갈수록 사는 게 어렵게만 느껴집니다.
그동안 세상이 어떠하든
나라도 반듯하게 살면 그만이라고 생각했습니다.
하지만 모든 것이 뒤엉켜있는 세상에서
홀로 바르게 산다는 것이 불가능하다는 사실을 이제는 압니다.
곁에서 이웃이 울고 있는데
그의 눈물을 닦아주지 않는 바름이 무슨 소용입니까?
이웃이 죽어가는데 나 홀로 생명의 소중함을
노래해보아야 무슨 소용입니까?

낮은 곳을 향해 흐르는 물처럼
주님은 고통의 자리를 향해 나아가셨습니다.
하지만 오늘의 교회는 그 자리를 애써 외면합니다.
주님을 향한 찬양이 넘쳐나는 곳에서
주님은 오히려 소외되고 있습니다.
주님의 이름을 부르는 사람들이,
주님의 이름으로 모이는 교회가
세상의 아픔에 예민하게 반응하게 해주십시오.
굳은 살과 같은 마음을 도려내시고,
새살과 같은 마음을 심어주십시오. 아멘.

마음의 심지에 불을 붙이고 /

무명의 백태가 벗겨질 때, 우리 가슴 깊은 곳에서는 숭고한 감정이 솟아
오르고, 인간은 자기 자신에게만 귀속될 수 없는 불멸성을 간직한 존재
임을 두려움으로 깨닫게 된다. 이런 자각을 가진 사람, 가슴에 불멸의 불
꽃을 간직하고 살아가는 사람을 가리켜 성경은 하나님의 자녀라 한다.
시간 여행자인 인간은 모두 순례자이다. 그 순례는 자신의 본래적 실존
을 회복하기 위한 것이고, 영원한 참으로 가득 참을 얻기 위함이다. 그렇
기에 그 순례의 도구는 발이 아니라 가슴이다. 우리 스승은 말했다. 그
길은 좁아서 그 길을 걷는 사람들이 많지 않다고. 길, 참의 길이 우리를
부른다. 중세부터 전해오는 이야기. "관광객은 요구하고, 순례자는 감사
한다." 당신은 어느 쪽인가?

참을 찾아가는 이들에게 필요한 덕목은 참참이 걸어감, 곧 참음이다. 영
혼의 어둔 밤이 찾아오는 순간에도 끝끝내 가야 할 길을 잊지 않는 사람
만이 그 어둠에서 벗어날 수 있으니 말이다.

순례자로
산다는 것

1.

에덴 이후 시대를 살아가는 이들은 누구나 시간에도 이빨이 있음을 자각한다. 시간은 우리 몸과 영혼에 지우기 어려운 흔적을 남긴다. 시간이 우리에게 새겨놓은 무늬를 사람들은 문화라고도 부른다. 사람의 모둠살이는 문화를 형성하지만, 그 문화는 동시에 우리의 존재조건이 되기도 한다. 외부 세계와 낯을 익히는 과정, 그것이 삶이다. 나의 '있음'은 늘 '~이다'라는 술어로만 표현된다. 나의 있음은 늘 '더불어 있음'이다. 누군가와 맺는 관계 속에서만 우리는 자신의 정체성을 유추한다. 사람은 신 앞에 선 단독자이지만, 그래서 늘 우주의 중심이지만, 그의 있음을 규정하는 것은 다른 이들의 존재이다. '관계맺음'이야말로 인생이다. 문제는 이 관계의 그물망이 우리가 허무의 물결에 실려 떠내려가지 않도록 지켜주는 역할을 하기도 하지

만, 우리의 자유로운 삶의 열망을 가두는 감옥이 되기도 한다
는 사실이다.

관계, 그것은 기쁨의 뿌리이기도 하지만 권태의 뿌리이기도
하다. 어느 날 평온한 일상 속으로 느닷없는 불안감이 찾아올
때, 허무라는 낯선 손님이 찾아올 때, 돌연 세상은 낯선 곳으로
변한다. 이전에는 그리도 아름답게 보이던 것이 역겨워지기도
하고, 목숨을 걸 만큼 소중했던 것이 시큰둥해지고, 자기 자신
이 이질적으로 느껴질 때, 갑자기 고개를 들었을 때 느끼는 어
지럼증처럼 사람은 시간 속에서 멀미를 한다. 입덧에 시달리는
임부처럼 허무감에 잠겨 시름할 때, 사람은 그 어떤 서술어로
도 오롯이 담아낼 수 없는 '나'의 존재에 대해 묻게 된다. 허무
의 어둠은 거울의 배면이 되어 우리 자신의 모습을 반영해준
다. 실존의 시간이 시작된 것이다. 시간 여행자인 인간의 삶은
자기 동일성 혹은 의미를 찾아가는 여정이다. 그 여정을 지배
하는 정조는 불안이다. 어쩌면 불안은 인간의 존재 조건인지도
모르겠다. 불안을 좋아하는 사람은 없을 것이다. 하지만 '불안'
은 우리가 잊고 사는 본래적 실존의 소환장이다. 사람들은 그
소환장을 애써 외면하면서 소유, 업적, 지위, 쾌락 등 '불안의
대용물들'을 찾기에 급급하다. 불안이 제기하는 내적 성찰의
요구를 견딜 수 없을 때 사람들은 '망각'의 기법을 동원한다.

트로이 전쟁이 끝난 후 오뒤세우스 일행은 꿈에도 그리던
이타카를 향해 귀향을 서두르고 있었다. 아흐레 동안이나 풍랑

에 시달리며 표류하던 그들은 로토파이고이족의 나라에 당도
했다. 원주민들은 염탐하러 온 오뒤세우스의 부하들을 환대하
면서 로토스라는 열매를 주었다. 호메로스는 이 대목을 이렇게
전한다.

> 그리하여 그들 중에 꿀처럼 달콤한 로토스를 먹은 자는 소식을 전
> 해주거나 귀향하려고 하기는커녕, 귀향은 잊어버리고 그곳에서 로
> 토스를 먹으며 로토파고이족 사이에 머물고 싶어했소
>
> (호메로스,《오뒤세이아》, 천병희 역).

오뒤세우스는 울고불고하는 이들을 억지로 배로 데려가, 노
젓는 자리 밑에 묶어놓고는 '아무도 로토스를 먹고 귀향을 잊
어버리는 일이 없도록' 출항을 독려했다. 귀향을 망각해버린
부하들과 그들을 신산스런 삶의 자리로 되돌려놓은 오뒤세우
스, 둘 중 누가 잘했는지에 대한 판단은 우리 각자의 몫이다.
하지만 문제는 우리가 이미 로토파이고이족의 주민이 되었다
는 사실이다. 오뒤세우스처럼 우악스럽게 우리를 끌어다 마땅
히 가야 할 길로 데려가려는 이도 없다. 그래서 대개는 순례자
로서의 자기 정체성을 잊고, '즐거운 망각'에 탐닉한다. 지금
사람들이 먹은 꿀처럼 달콤한 '로토스' 열매가 무엇인지는 모
두가 아는 바와 같다.

2.

사람은 모두 하늘에서 사다리를 타고 내려왔다고 한다. 세상
소풍에 취해 있던 어느 날 하늘에서 '올라오라'는 소리가 들려
왔다. 사람들은 사다리를 찾았지만 어디에도 보이지 않았다.
더러는 어쩔 수 없는 일 아니냐며 하늘 바라보기를 그만 뒀다.
어떤 이들은 지금도 하늘로 올라가는 길을 찾고 있다. 그들은
'떠나온 곳을 생각'하는 사람들 혹은 '더 좋은 곳을 동경'하는
사람들이다.

　참 찾아 예는 길에 한 참 두 참 쉬지 마라
　참참이 참아가서 영원한 참 갈 것이니
　참든 맘 참 참을 보면 가득 참을 얻으리.

　_함석헌, 〈참〉

　인생 여정은 참을 찾아가는 과정이다. 싫든 좋든 사람은 길
위에서 살아간다. 길 위에 있다는 것은 늘 변화를 향해 자기를
열어놓고 산다는 뜻이다. 자기 부정을 본질로 하는 변화는 평
안과 안전을 구하는 마음과 늘 길항한다. 변화의 계기는 외부
로부터 오기도 하지만, 적극적으로 추구해야 할 가치이기도 하
다. 성경에 자주 등장하는 '떠나라'라는 단어는 길 위의 실존에
대한 암시가 아닌가? 참을 찾아가는 이들에게 필요한 덕목은

참참이 걸어감, 곧 참음이다. 영혼의 어둔 밤이 찾아오는 순간에도 끝끝내 가야 할 길을 잊지 않는 사람만이 그 어둠에서 벗어날 수 있으니 말이다. 참음으로 걷는 길의 목표는 영원한 참에 이르는 것이다. 참을 가슴에 품고 살아가는 이는 어느 순간 엄벙부렁한 자기 속이 가득 채워짐을 느끼게 된다. 그것은 참으로 달콤하고 가슴 벅찬 순간이다.

'그 길'의 운명은 지금 어떠한가? 통행인이 뜸하여 묵정밭으로 변해버린 것은 아닌가? 한 밤중에 '골짜기 문'을 나서, '용샘'을 지나 '거름 문'에 이르기까지 예루살렘 성벽을 살펴보던 느헤미야는 성벽은 다 허물어지고, 문들도 모두 불이 탄 채 버려진 것을 보고 망연자실했다. '샘 문'과 '왕의 연못'에 이르렀을 때에는 더 나아갈 길이 없었다(느헤미야 2:11-18 참조). 진군 나팔소리와 함께 우리에게 도래한 소비사회의 휘황한 불빛은 우리 눈을 어지럽혀 마땅히 가야 할 길을 보지 못하게 만들었다. 존재를 소유로 치환하는 세대에 사람들의 영혼은 더욱 납작해졌다. 이 시대의 느헤미야는 지금 어느 거리를 걸으며 탄식하고 있을까? 모두가 걸어야 하는 '그 길'은 잊힌 길이 된 것은 아닌지?

　서울에는 바다가 없다
　서울에는 사람 낚는 어부가 없다

바다로 가는 길이 보이지 않아

서울에는 동백꽃이 피지 않는다

사람들이 이슬에 젖지 않는다

서울의 눈물 속에 바다가 보이고

서울의 술잔 속에 멀리 수평선이 기울어도

서울에는 갈매기가 날지 않는다

갯바람이 불지 않는다

서울에 사는 사람들은

바다를 그리워하는 일조차 두려워하며

누구나 바다가 되고 싶어 한다

　　　-정호승, 〈서울에는 바다가 없다〉

　바다가 되고 싶지만 바다로 가는 길도 보이지 않고, 이슬에 젖지도 않는 서울, 인정의 사막인 그 메갈로시티 저편으로 낙타를 탄 누군가가 흔들거리며 나아가고 있다. 어디로 가는지 알고나 있는 것일까? 존재를 소유나 지위로 치환해버리는 세상에서 사람은 누구나 외롭다. 귀 밝은 이들에게는 소금산 꼭대기에서 '나는 외롭다, 누군가 나의 친구가 되어 달라'고 외치는 '어린왕자'의 음성이 아련하게 들려올 것이다. 그 음성은 잃

삶을 순례로 이해하는 이들의 행장은 단출해야 한다.
어쩌면 순례란 잃어버린 '단순함'을 찾아가는 여정인지도 모른다.

어버린 본래적 삶에 대한 그리움을 우리 가슴에 심어준다.

3.

모든 종교는 순례의 전통을 가지고 있다. 거룩한 기억이 깃든 곳으로의 순례를 통해 사람들은 자기 삶의 질서를 새롭게 세우기 원한다. 그것이 신탁을 듣기 위한 것이든, 치료를 구하기 위한 것이든, 경배를 위한 것이든, 참회 혹은 정화를 위한 것이든, 순례는 잃어버린 혹은 잊어버린 초월적 질서와의 소통을 희구하면서 스스로에게 부과하는 고생이다.

오체투지로 라싸를 향해 나아가는 티베트 순례자들의 모습은 편안함에 길들여진 우리에게 경이롭게 다가온다. 눈 덮인 산을 넘고, 강을 건너며, 몇 걸음마다 한 번씩 땅바닥에 손과 발, 이마를 대는 그 고단한 여정을 통해 그들은 무엇을 배우는 것일까? 그들의 경험의 진실성과 고백의 적실함을 종교적 편견으로 예단하는 일은 정말 인간에 대한 예의가 아니다. 이들을 잡아끌고 있는 내적인 힘은 무엇일까? 무엇이 이들로 하여금 일상의 흐름을 끊고 순례 길에 오르게 했을까? 그것은 목마름 혹은 헛헛증일 것이다. 사막의 교부들이 가장 경계한 것은 '아케디아akedia'였다. 그것은 흥미 없음, 나태함, 불만, 권태, 오늘을 살지 못함을 뜻한다. 우리도 일쑤 경험하는 아케디아는 '떠나라'는 명령이 아닐까? 어떤 것으로도 해소될 수 없고, 채울 수도 없는 영혼의 심연에 직면할 때, 자신과의 불화를 절감할 때, 참된 나를 잃어버린 상실감에 시달릴 때야말로 길의 부름을 받을 때이다.

　로마의 북부에는 수비아코라는 작은 마을이 있다. 그곳은 성 베네딕도의 동굴로 유명한 곳이다. 로마의 귀족 자제였던 베네딕도는 허영과 사치와 폭력으로 점철된 현세의 삶에 염증을 느낀 나머지, 수비아코의 작은 동굴에 들어와 몇 년 동안을 기도생활에 전념했다. 그곳에서 그의 영혼은 정화되었고, 흙가슴으로 곱게 갈아엎어진 그의 영혼의 향내에 이끌려 수많은 사람들이 제자가 되기 위해 그를 찾아왔다.

　대 그레고리오의 《대화록》에 나오는 베네딕도의 일화 중에 내 가슴을 뛰게 하는 이야기가 있다. 그것은 한 미친 여자에 관한 이야기다. 그 여자는 어떤 마음의 충동 때문인지 한 곳에 머물러 있지를 못하고, 사방을 헤매고 다녔다. 밤낮을 가리지 않고 산으로, 계곡으로, 숲으로, 들로 쏘다녔다. 기력이 다하여 쓰러졌을 때만 쉴 뿐이었다. 정처 없이 헤매던 어느 날, 그는 자신도 모르게 거룩한 베네딕도의 동굴로 들어가게 되었다. 그곳에서 하룻밤을 머문 다음 날, 그는 언제 미쳤었냐는 듯싶게 멀쩡해져 있었다. 그는 여생을 온전한 정신으로 살았다. 이 아름다운 이야기를 떠올릴 때마다 나는 오늘의 교회가 베네딕도의 동굴이 될 수는 없을까 생각하며 아뜩해진다.

　기독교인들의 순례의 전통은 콘스탄티누스 황제의 어머니인 성 헬레나에게까지 거슬러 올라간다. 헬레나의 예루살렘 방문 이후 성지순례는 신실한 신자들의 꿈이었다. 그런데 평신도들의 성지순례가 활성화된 것은 11세기 무렵부터이다. 파리 근교의 클루니에 있던 베네딕도 수도회는 진리에 대한 목마름에 시달리던 평신도들에게 예수와 성인들과 관련된 땅으로 순례여행을 떠나도록 격려했다. 여건상 예루살렘까지 갈 수 있는 이들은 많지 않았지만, 사도들이 묻힌 것으로 믿어지는 곳으로의 순례는 대단히 활발해졌다. 베드로가 묻힌 곳으로 믿어지는 로마, 아리마대 요셉이 묻힌 곳으로 믿어지는 글래스톤베리, 야고보가 묻힌 곳으로 믿어지는 스페인의 콤포스텔라를 향한 순례길이 열리기 시작한 것이다. 여행 중에 순례자들은 기독교적 가치를 배울 수 있었고, 한시적이긴 하지만 세속적인 삶을 뒤로 하고 수도사적인 삶을 살았다. 순례의 여정 중에 그들은 독신자처럼 지냈고, 다른 순례자들과 공동체를 이루기 위해 분투했다. 순례자들은 서로 싸우거나 무장을 하는 것이 엄격히 금지되었다.

하지만 이런 소박한 순례의 전통은 곧 오염되었다. 십자군 전쟁이 그것이다. 순례자들을 보호하고 성묘를 탈환한다는 명목으로 시작된 십자군 전쟁은 유럽 도처에 흩어져 살고 있던 유대교 공동체에 대한 약탈을 정당화했고, 예루살렘에 살고 있던 유대인들과 무슬림들에 대한 학살로 이어졌다. 니코스 카잔차키스는 《성자 프란체스코》에서 십자군 전쟁의 진상을 밝히고 있다. 프란체스코는 무슬림들에게 복음을 전하겠다는 일념으로 예루살렘에 간다. 하지만 그곳에서 그가 만난 현실은 벌거벗은 폭력과 약탈뿐이었다. 십자군들은 애초의 뜻을 저버리고 어떻게 약탈을 하고, 여자를 노예로 삼으며, 사라센 사람들을 학살할 것인지에만 몰두하고 있었다. 프란체스코는 그들 사이를 걸으며 하나님의 자비에 대해 설교했지만 병사들은 그의 말을 들은 척도 하지 않았을 뿐 아니라 조롱하기까지 했다.

> 주여, 전쟁의 피 속에서 인간은 피에 굶주린 짐승이 됩니다. 당신께서 내려 주신 얼굴을 버리고 늑대가 되고 더러운 돼지가 됩니다. 그들을 불쌍히 여기소서. 주여, 인간의 얼굴을 되찾게 해주소서. 당신의 얼굴 말입니다(니코스 카잔차키스, 《성자 프란체스코 2》).

자기가 문제임을 자각하지 못하는 이들의 순례는 그 고상한 명분이 무엇이든 타락하기 쉽고, 폭력과 결합하기 쉽다.

4.

이런 사례가 있다고 해서 순례의 가치가 훼손되는 것은 아니다. 대체 왜 유대인들은 일 년에 세 차례씩 예루살렘을 순례하는 것일까? 왜 이슬람은 무슬림들이 평생 한 번은 메카를 순례해야 한다고 가르치는 것일까? 의례화된 순례는 미래로부터 와서 현재를 거쳐 과거로 재빨리 흘러가는 시간에 매듭을 지음으로 삶의 리듬을 만들기도 한다. 시간의 매듭인 순례 축제를 통해 사람들은 자기 삶을 장구한 역사 속에 위치시키고, 다른 이들과 긴밀히 연결된 자기 자신을 발견한다. 순례절기를 지키기 위해 예루살렘으로 향하는 이들이 만들어내는 장관을 사람들을 머리에 그려 보라. 그 길에서 순례자들은 공동체적 공명을 경험할 것이다. 나무가 되라고 한다면 저 산꼭대기에 서있는 낙락장송이 되기보다는 어울려 숲을 이루는 나무가 되고 싶다던 신영복 선생의 말씀이 가리키는 바도 이것이리라.

삶을 순례로 이해하는 이들의 행장은 단출해야 한다. 어쩌면 순례란 잃어버린 '단순함'을 찾아가는 여정인지도 모른다. 일상 속에서 누리며 살던 모든 것을 가지고서는 순례를 떠날 수 없다. 그렇기에 순례는 불편함과 불확실성을 받아들이는 행위이다.

90세의 철학자 버틀란드 러셀이 반핵시위 도중 경찰에 잡혀갔다는 소식을 들었을 때 사티쉬 쿠마르는 부끄러움을 느꼈다. "아흔 살 노인도 인류를 위해 감옥에 가는데, 젊은 우리는 지금 무얼 하는 건가?" 그래서 그는 벗인 메논과 함께 핵 보유 강대국들을 순례하는 평화 행진을 하기로 작정하고는 축복을 받기 위해 큰 스승인 비노바 바베를 찾아갔다. 비노바 바베는 그 기특한 젊은이들에게 두 가지 무기를 선물한다. 첫째는 어디를 가건 채식주의를 실천하라는 것이고, 둘째는 단 한 푼도 몸에 지니지 말라는 것이었다. 당황하는 사티시 쿠마르에게 비노바 바베는 "항아리는 비어 있어야만 속을 채울 수 있는 법"이라

고 참된 인간관계에 돈은 장애가 될 뿐이라고 말한다. 순례를
하다 지쳤을 때 돈이 있다면 호텔에서 잠을 자고 멋진 식당에
서 식사를 하겠지만, 돈이 없다면 어쩔 수 없이 사람들에게 다
가가 도움을 요청할 수밖에 없는데, 다행히 선의를 가지고 환
대하는 이들이 있다면 그들에게 비폭력과 평화에 대한 비전을
나누어 주라는 것이었다. 인간의 선의에 대한 믿음과 어디에나
계신 하나님에 대한 신뢰가 없다면 이런 삶은 불가능하다. 순
례자가 되어 어딘가를 향해 간다는 것은 그곳에도 나와 다를
바 없는 이웃들이 있다는 사실을 확인하는 과정이다. 우리가
경험하는 슬픔의 지층, 내밀한 욕망, 충일한 기쁨의 뿌리는 지
하 깊은 곳에서 인류의 경험과 이어져 있음을 알게 될 때, 낯선
이들은 사라지고 타인들을 향한 적대감은 스러지고 만다.

   삶을 순례로 이해하는 사람은 소유뿐만 아니라 직함과 가면
과 역할도 내려놓아야 한다. 순례 길은 사람을 겸허하게 만든
다. 순례 길은 우리에게 정신적인 허영을 허용하지 않는다. 그
길을 걷는 동안 순례자는 누구나 자신의 약함에 직면하게 된
다. 길은 그 길을 걷는 사람의 허영심을 벗겨내고, 자신이 누군
가의 호의와 도움이 필요한 존재임을 절감하게 만든다. 순례가
주는 선물은 바로 이것이다. 허영심을 내려놓고 자기의 약함
을 받아들이는 순간, 그 길에서 만난 모든 사람은 동행이 된다.
더 이상 남보다 앞서야 한다는 조바심이 그를 지배하지 못한
다. 영문도 모르고 질주하던 삶에서 벗어나 현실을 자세히 보

며 산다. 그 순간 그는 세상에 가득 찬 은총에 눈을 뜬다.

　무명의 백태가 벗겨질 때, 우리 가슴 깊은 곳에서는 숭고한 감정이 솟아오르고, 인간은 자기 자신에게만 귀속될 수 없는 불멸성을 간직한 존재임을 두려움으로 깨닫게 된다. 이런 자각을 가진 사람, 가슴에 불멸의 불꽃을 간직하고 살아가는 사람을 가리켜 성경은 하나님의 자녀라 했다. 시간 여행자인 인간은 모두 순례자이다. 그 순례는 자신의 본래적 실존을 회복하기 위한 것이고, 영원한 참으로 가득 참을 얻기 위함이다. 그렇기에 그 순례의 도구는 발이 아니라 가슴이다. 우리 스승은 말했다. 그 길은 좁아서 그 길을 걷는 사람들이 많지 않다고. 길, 참의 길이 우리를 부른다. 중세부터 전해오는 이야기. "관광객은 요구하고, 순례자는 감사한다Turistas manden; peregrinos agradecen" 당신은 어느 쪽인가?

반 고흐, 〈별이 흐르는 밤에〉

무엇을 먹을까 마실까 입을까 하는 염려는 이미 가뭇없이 사라지고 우리
는 저 우주공간의 어딘가를 유영하고 있었다. '저 무한한 공간의 영원한
침묵이 나를 두렵게 한다'고 말했던 파스칼의 말도 떠올리며…

우주심과의
접속

정색을 하고, 전공에 대한 자부심을 가지고 말해야 할 때도 있
지만, 때로는 완전히 힘을 빼고 말해야 할 때도 있는 법이다.
사실 삶의 대부분은 일상적인 일들로 채워진다. 잘 산다는 것
은 어쩌면 지극히 일상적인 일들 속에서 아름다움을 발견하는
일이 아닐까? 잠을 자고, 밥을 먹고, 사람을 만나고, 일을 하고,
걷기도 하고, 사랑을 하면서, 놀기도 하고, 가끔은 멍하니 앉아
있는 것, 삶이란 그런 것이다. 일상은 대개 담담하고 심심하다.
그래서 권태롭게 느껴질 때가 많다. 사람들이 짜릿함과 자극을
구하는 것은 일상이 감옥처럼 느껴지기 때문이다.
  가끔 벗들과 '잡담회'를 연다. 말 그대로 잡담을 하는 모임이
다. 잡담회는 사람을 구별하지 않는다. 허심탄회하게 이야기를
나누고 싶은 사람은 누구라도 배제하지 않는다. 주제는 없다.
그 시간, 그 장소가 우리에게 시키는 이야기를 나눌 뿐이다. 제

한은 있다. 가급적이면 연예인들에 대한 가십이나 텔레비전의 오락 프로그램에서 본 이야기는 하지 말아야 한다. 그리고 다른 이들이 하는 말은 경청하되 거기에 대해 비평을 하지 말아야 한다. 때로는 논쟁을 해야 할 때도 있지만 잡담회에서의 논쟁은 대립하는 두 당사자를 제외한 다른 이들을 침묵 속으로 몰아넣을 때가 많다. 함께 나누는 이야기가 꼭 의미 있는 이야기여야 할 필요도 없다. 이야기는 그 자체로 이미 의미 있기 때문이다.

어느 날 찻집의 안락한 의자에 기대 앉아 일곱 여덟 명의 벗들이 이야기를 시작했다. 첫 대면인 사람들도 있어 잠시 서로를 소개하는 시간을 가졌다. 지금 하고 있는 일과 흥미롭게 여기는 일에 대한 이야기가 위주였다. 흔히 남자들이 만나면 서열을 확인해야 편안해 한다고 한다. 그러나 그것처럼 대화에 방해가 되는 일이 없다. 그래서 잡담회에서는 학번이나 나이를 묻지 않는다. 각자는 오직 자기 존재로서만 그 자리에 있으면 된다. 참석자들은 자기와 다른 삶의 자리에서, 다른 방식으로 살아가는 이들의 이야기를 들으며 눈을 반짝인다. 누구도 강제하지 않은 자발적 모임이었기에 사람들은 서로에 대해 개방적이었다. 말하고 싶은 마음보다는 듣고 싶은 마음이 더 컸다.

영화를 만드는 한 제작자가 자기가 찍었던 다큐멘터리에 대한 이야기를 했다. 밤하늘의 별을 바라보며 살아가는 사람들의 이야기였다. 망원경 렌즈를 만들기 위해 사람들이 어떤 노력을

했는지, 수 없이 많은 별 자리들이 어떤 이야기들을 품고 있는
지, 우주 공간에 별이 얼마나 많은지…. 사람들은 이야기에 완
전히 빠져들었다. 무엇을 먹을까 마실까 입을까 하는 염려는
이미 가뭇없이 사라지고 우리는 저 우주 공간의 어딘가를 유
영하고 있었다. '저 무한한 공간의 영원한 침묵이 나를 두렵게
한다'고 했던 파스칼의 말도 떠올리며….

　이야기는 또 다른 이야기로 이어졌다. 치과 의사인 한 길벗
은 스쿠버 다이빙에 푹 빠져 지내는 이야기를 꺼냈다. 바다 속
에서 만나는 황홀한 세계는 신비 그 자체였다. 그는 그 아름다
움의 경험을 통해 신의 존재를 깊이 느낄 수 있었다고 말했다.
그리고 바다 속에서 경험하는 일몰과 일출의 황홀함에 대해서
도 말했다. 이야기 속에서 우리는 일상을 잊었다. 왠지 치유된
것 같은 느낌이 들었다.

　20여 년 동안 백두산 호랑이를 추적해 온 박수용 감독의 책
을 읽다가 이런 구절과 만났다.

　숲을 걷다보면 부엉이가 토해낸 펠릿(부엉이 같은 맹금류가 들쥐
나 새 같은 먹이를 통째로 삼킨 뒤 소화가 되지 않은 털과 뼈를 뭉
쳐서 입으로 토해낸 것)들이 나무 밑에 떨어져 있는 것을 본다. 부
엉이는 가지 위 쉼터에 앉아 나를 내려다보고 있을 것이다. 고개를
들어 확인하고 싶은 생각이 든다. 하지만 충동을 자제하지 못하고
올려다보는 순간, 부엉이는 날아갈 것이다. 나는 부엉이가 나뭇가

지에 앉아 있다는 사실을 마음으로 믿고 그냥 지나간다. 숲은 일어
날 수도 있었던 작은 파문 대신 평화를 유지한다. 실체를 보지 않
아도 그 자취만으로 믿는 것, 이런 것이 자연에 대한 믿음이다.

(박수용,《시베리아의 위대한 영혼》)

　충동을 자제하고 올려다보지 않는 것, 그것은 다른 생명에
대한 배려이다. 그의 삶에 파문을 일으키지 않으려는 조심스러
움, 어쩌면 지금 우리에게 가장 필요한 것이 이것인지도 모른
다. 이야기를 통해 우리는 잃어버렸던 우주심과 접속한다.

밤의 수심을
재다

내일부터 많은 비가 내릴 것이라는 일기예보를 듣고 설핏 잠
이 들었다. 새벽녘, 창밖으로 들려오는 빗소리에 잠이 깼다. 시
원하게 쏟아지는 빗소리가 가슴의 울울함을 씻어가는 것 같아
기분이 좋았다. 꾸르릉, 대지를 울리는 천둥소리가 장쾌했다.
이런저런 생각이 자맥질하듯 두서없이 떠올랐다가 가라앉곤
했다. 그때였다. 내 기억 저 깊은 곳에 잠들어 있던 시 한 구절
이 떠올랐다.

비가 온다, 비가 와도
젖은 자는 다시 젖지 않는다

치기만만하던 젊은 시절 '나는 한 여자를 사랑했네. 물푸레
나무 한 잎같이 쬐그만 여자'라는 구절에 반해 제멋대로 마음

속 사부로 삼았던 오규원 시인의 시 구절이었다. '젖은 자는 다시 젖지 않는다', 비애감이 몰려올 때마다 나는 그 구절을 붙들고 버티곤 했다. 어쩌자고 중늙은이 같은 내게 그 구절이 찾아온 것일까?

서재를 뒤져 누렇게 변색된 낡은 시집을 찾아냈다. 지내온 세월이 종이 냄새와 함께 거기에 있었다. 이곳저곳 일람하다가 아, 이런 구절과 다시 만났다.

비가 온다. 어제도 왔다.
비가 와도 이제는 슬프지 않다.

슬프지 않은 비라니. 밤의 수심水深이 한결 깊어지고 있었다. 빗소리가 소환한 젊은 날의 기억들과 모든 것을 일상으로 받아들이는 일에 이미 익숙해진 내 모습이 부대끼고 있었다. 건드리면 쨍 소리가 날 것처럼 팽팽한 긴장 속에서 살던 날은 이미 지나갔다. 대의를 위해서라면 고난과 죽음까지도 감수할 수 있다는 비장함은 어느샌가 사라지고, 적당히 비겁하고 적당히 타협하며 현실에 안착한 것이다. 모든 것을 이해할 수 있는 이들은 더 이상 현실에 대해 분노하지 않는다. 그것은 성숙이라기보다는 늙음의 징후이리라. 아, 세월이 이렇게 무상하게 흘렀구나.

이미 잠은 달아난 지 오래였다. 그럴 때는 그저 마음이 흘러

어느 순간 빗소리가 거리에 나앉은 사람들, 왜 사는지를 알 수 없어 번민
하는 사람들, 삶의 무게에 짓눌려 짜부라진 사람들, 투명인간 혹은 잉여
적인 존재로 여김을 받는 이들이 보내는 영혼의 발신음처럼 여겨졌다.

가는 대로 이리저리 따라가는 수밖에 없다. 신의 사랑을 독차
지한 것처럼 처신하는 이들을 잠잠케 하려고 즐겨 인용하던
성경구절이 떠올랐다.

아버지께서는, 악한 사람에게나 선한 사람에게나 똑같이 해를 떠
오르게 하시고, 의로운 사람에게나 불의한 사람에게나 똑같이 비
를 내려주신다.

노자가 언급한 천지불인天地不仁, 즉 천지는 사사로운 정에 끄
달리지 않는다는 말과 내남없이 일치되는 말이다. 장엄한 말
이다. 하지만 이 대목을 읽을 때마다 겹쳐 떠오르는 구절이 있
다. 문화혁명 이후 자살로 생을 마감한 중국 작가 라오서의 책
에 나오는 한 대목이다. 그는 비는 모든 이에게 내리지만 결코
공평하지 않다고 말한다. 공평함이 없는 세상에 내리기 때문이
다.

비가 개인 후에, 시인들은 연잎의 구슬과 쌍무지개를 읊조리지만,
가난뱅이들은 어른이 병이 나면 온 식구가 굶는다. 한 차례의 비는
기녀나 좀도둑을 몇 명이나 더 보태주는지, 감옥에 들어가는 사람
을 얼마나 내는지 모른다.

그의 문장과 만난 후 일상에 뿌리 내리지 않은 사상이나 관

념이 얼마나 공허한 것인지를 알게 되었다.

어느 순간 빗소리가 거리에 나앉은 사람들, 왜 사는지를 알 수 없어 번민하는 사람들, 삶의 무게에 짓눌려 짜부라진 사람들, 투명인간 혹은 잉여적인 존재로 여김을 받는 이들이 보내는 영혼의 발신음처럼 여겨졌다. 하지만 그 소리는 대부분의 사람들의 귀에 도달하지 못한 채 우주 공간 어딘가로 사라지고 말 것이다. 아니, 정직하게 말하자면 수취 거부라고 말하는 게 맞을 것이다. 시간의 강을 헤쳐가느라 날카로움을 잃어버린 자갈들처럼 우리는 평온한 일상을 뒤흔드는 소리를 짐짓 모른 척 하며 살고 있다. 사력을 다해 절망과 맞서기보다, 뒷걸음치는 데 익숙해진 우리들이 아닌가? 에부수수한 의식 속으로 무력감과 쓸쓸함을 동반한 더운 바람이 불어왔다. 그리고 다음 순간 그 바람은 예리한 통증이 되어 왼쪽 가슴에서 머리를 관통했다.

누구는 바람소리로 몸을 닦는다는 데 어쩌자고 나는 이렇게 빗소리에 갇힌 것일까? 어느 순간 오규원에서 성경으로, 성경에서 라오서로 분주히 오가던 마음이 현실로 복귀했다. '비가 그치지 않으면 출근길이 불편할 텐데.' 축축하게 젖은 옷과 양말, 버스에서 맡게 될 눅눅한 냄새, 빗물을 튕기며 질주하는 자동차들이 떠올랐다. 아, 삶은 이처럼 진부하다. 하지만 지금도 우리는 어딘가로 흘러가고 있다. 나는 지금 누구의 가슴을 향해 흐르고 있는 것일까?

욕망이 문제다. 욕망은 결핍에서 촉발되지만, 과잉을 지향하기도 한다. 욕망은 마시면 마실수록 목마름을 더하게 만드는 소금물과 같다. 옛말에 "멈출 줄 알면 위태롭지 않고 족한 줄 알면 욕된 일을 당하지 않는다"는 말이 있다. 욕망의 포로가 되지 않기 위해서는 자꾸만 남을 위해 좋은 것을 남겨두는 연습을 해야 한다.

산책을
즐기다

느슨한 산책을 허용하지 않는 도시에서 나는 기어코 산책의 기쁨을 누리겠다고 다짐한다. 그것은 일종의 소심한 저항이다. 처리해야 할 일이 끝도 없이 밀려오는 일상 속에서 마음의 여백을 만들기란 거의 불가능에 가깝다. 가급적이면 내색하지 않으려 해도 마음이 팽팽해지는 것은 어쩔 수가 없다. 마음이 팽팽해지면 다른 이들을 너그럽게 대하기 어렵다. 게으름을 찬미할 생각은 없지만 게으른 사람들이 매사를 너그럽게 바라보는 경우가 많다.

  사무실에서 집으로 가는 길에 공원이 있다. 가급적이면 매일 공원을 한 바퀴 돌려고 애쓴다. 가슴에 뭐라도 걸린 듯 답답해지면 일부러 시 구절을 읊조리며 걷는다. "꼬리로 바다를 치며 나아간다//타아앙…" 몇 번 같은 구절을 반복하다보면 가슴 가득 경쾌한 '타아앙' 소리가 울리면서 마음이 시원해진다. 그러면 저절로 "나는 이미 바다이고 바다는 이미 나이다"(박남철,〈고래의 항정〉 중에서)라는 구절까지 떠올리게 된다. 마음이 가뿐해지면 공원에 있는 것들이 다 정겹게 보인다. 나뭇잎에 가만히 내려앉는 저녁 햇살도, 꽃잎을 어루만지는 바람도 모두 낯익은 이웃이 된다. 연못 가득 올챙이가 나타날 무렵이면 어디선가 청둥오리도 날아와 풍경을 다채롭게 만든다. 어떤 때는 고니도 찾아온다. 숨죽여 바라보노라면 녀석들의 몸짓이 고요하고 의젓하다. 터줏대감인 까치가 다가와 자기 영역에서 나가 줄 것을 위협적인 몸짓으로 요구해도 못 들은 체 할 뿐이다. 꽃창포가 흐드러지게 핀 연못가는 비의의 정원이다.

손자손녀와 함께 공원 이곳저곳을 두리번거리며 아기들에게 사물들을 소개해주는 할아버지 할머니의 모습도 정겹기만 하다. 흙을 만지기 위해 재빨리 다가서는 아이에게 다급한 목소리로 '지지…' 하고 외치지만 장난꾸러기 녀석은 금지된 것을 행하는 즐거움을 포기하려 하지 않는다. 손 가득 흙을 움켜쥐고는 재빨리 바닥에 내던진다. 아장아장 걷는 아기를 대견하게 바라보며 무릎을 굽힌 채 두 팔을 벌려 아기를 안으려는 이들의 모습도 평화롭다. 장기를 두는 노인들, 훈수를 두다가 한소리 듣고는 머쓱해하는 사람들… 이 느릿느릿한 풍경이야말로 우리가 자칫 잃어버리기 쉬운 평화이다. 일과 일 사이에서 길을 잃기 쉬운 인생, 잠시 무위無爲의 시간을 갖는 것처럼 소중한 일이 또 있을까. 해야 할 일을 잊고, 잠시라도 자기 자신을 온전히 내려놓을 때 안식이 찾아온다.

집으로 돌아갈 때는 가급적이면 천천히 걷는다. 누가 보면 하릴없는 사람이라 하겠지만 두리번두리번 주위를 둘러보며 걷는다. 장미꽃이 아름답게 피는 집, 감나무가 멋진 집 앞에서는 일부러 멈춰서기도 한다. 길에서 만나는 산딸나무, 배롱나무, 불두화, 수국, 자귀나무, 벚나무, 소나무, 아까시 하나하나 마음으로 어루만져 준다. 며칠 전부터 내 마음을 온통 사로잡은 것은 예쁘게 익어가는 앵두였다. 담장 밖으로 뻗은 가지 끝에 달린 열매가 발갛게 익어가는 게 그렇게 예쁠 수가 없었다. 그런데 며칠 전 그 나무는 누군가의 손을 타고 말았다. 발갛게 익은 열매의 유혹을 이길 수 없었던지 누군가가 따고 만 것이다. 이제 며칠 후면 나무 전체가 붉게 물들 것임을 알면서도 불쑥 분노가 일어났다. 그 손이, 그 마음이 미웠다. 그들은 다른 이들이 누릴 기쁨을 사유화해버린 것이다. 욕망은 그처럼 비루하다. 몇 해 전 교회 마당가에 포도나무 몇 그루를 심어놓았다. 꽃이 피는 봄부터 열매를 맺는 여름, 그리고 검붉게 익어가는 가을까지 포도나무는 많은 이들의 마음을 찹찹하게 해주었다. 어느 날 아이 하나가 사무실로 울며 뛰어 들어왔다. "어느 아저씨가 포도를 따먹어요." 밖으로 나가보니 이미 사람은 간 데 없고, 빈 가지만 홀로 쓸쓸했다.

욕망이 문제다. 욕망은 결핍에서 촉발되지만, 과잉을 지향하기도 한다. 욕망은 마시면 마실수록 목마름을 더하게 만드는 소금물과 같다. 옛말에 "멈출 줄 알면 위태롭지 않고 족한 줄 알면 욕된 일을 당하지 않는다"는 말이 있다. 욕망의 포로가 되지 않기 위해서는 자꾸만 남을 위해 좋은 것을 남겨두는 연습을 해야 한다. 그것은 소비사회의 중독에서 벗어나는 일이기도 하다. 함께 누려야 할 것을 사유화하는 것을 일러 죄라 한다. 죄罪라는 글자는 '그물 망網'과 '아닐 비非'가 결합된 단어이다. 죄는 우리를 그물에 갇힌 듯 부자유하게 만든다. 진정 자유롭기를 원한다면 자꾸 과잉에 대한 욕망을 흘려보내야 한다. 천천히 걷는 일이 도움이 된다.

진짜 어른을
보고 싶다

중3 무렵 아들 아이는 내 곁을 지나갈 때면 언제나 허리를 곧
게 펴고 고개를 쑥 빼곤 했다. 아버지와 보이지 않는 키 경쟁을
벌였던 것이다. '어쭈, 이 녀석 봐라' 하면서 실소를 머금기도
했지만 한편 아이의 성장이 대견하기도 했다. 아이는 이제 곧
아버지 키를 뛰어넘게 된다는 설렘으로 나름의 통과의례를 행
하고 있었던 것이다. 그러나 어느 날부터 녀석은 키 재기를 그
만 두었다. 아버지가 자기보다 작다는 사실을 여러 차례 확인
한 후였다. 그때부터 녀석은 뒤도 돌아보지 않고 자기 길을 걷
고 있다. 하지만 그럼에도 불구하고 아들의 숙명은 아버지를
의식하지 않을 수 없다는 것이다. "아버지의 이미지는 아들로
하여금 언제나 자신의 행동을 검열하게 하는 '내면화된 타자',
'내부의 강력한 검열관'"(임철규)이기 때문이다. 아들이 성장하
기 위해서는 아버지의 이미지로부터 해방되어야 한다.

아들과 딸을 생각할 때마다 김승희 시인의 〈제도〉를 떠올린다. 아이는 하루 종일 색칠 공부 책을 칠하고 있다. 거기엔 나비도 있고 꽃도 있고 구름도 있고 강물도 있다. 아이는 금 밖으로 색칠이 나갈까 두려워한다. 아이는 금 밖으로 나가면 안 된다는 사실을 내면화하고 있는 것이다. 나비도 꽃도 구름도 강물도 선 안에 갇혀 있다. 답답하다. 죽은 풍경이다. 시인의 내면에서 폭풍에 감싸인 언어가 펄럭인다. '금을 뭉개버려라', '선 밖으로 북북 칠해라', '나비도 강물도 구름도 꽃도 모두 폭발하는 것이다', '위반하는 것이다', '범하는 것이다.' 하지만 그 말은 차마 발설되지 못한다. 위반하는 삶의 신산스러움을 누구보다 잘 아는 엄마이기 때문이다. 살아가면서 그토록 제도를 증오했건만 엄마는 이미 제도가 되고 총독부가 되어 아이를 묶고 있는 것이다. 시의 마지막 구절은 처연하다. "엄마를 죽여라! 랄라." 그 말은 어쩌면 흐르는 모래 속에 파묻힌 고야의 '개'처럼 침묵 속에 잦아들었을 지도 모르겠다.

젊음의 특권은 불온함이다. 기존 질서에 의문부호를 붙이고, 제도에 도전하는 눈빛 사나운 젊은이들이야말로 역사 변혁의 단초이다. 세속의 논리에 순치된 젊음처럼 슬픈 것은 없다. 시대에 따라 세대를 구분하는 용어가 달라졌지만 '88만원 세대'라는 조어처럼 가슴 미어지는 것이 없다. 불온조차도 사치가 되어버린 것이다. 가끔 길에서 쏘아보듯 눈길을 보내는 젊은이를 볼 때가 있다. 그 불량한 시선에 순간 불쾌감이 일 때가 있

현대판 욥의 친구들이 참 많다. 쓰나미나 자연재해로 수많은 사람이 목숨을 잃은 사태를 두고 불신앙 운운 하는 종교인들 말이다. '모름'을 용납하지 못하는 '앎'은 독선이요 폭력이 아니던 가? 딛고 서야 할 땅을 진창으로 만들어버리는 폭우처럼 '안다'고 하는 자부심은 때로 함께 살 아야 할 세상을 진창으로 만들어버릴 때가 많다. 나의 '앎' 혹은 '옳음'에 대한 확신이 강할수 록 타자와 소통할 여지는 줄어든다. 타자는 동화시켜야 할 대상일 뿐이다.

지만, 슬쩍 곁을 스쳐 지나간 후에는 비죽 웃음이 배어나올 때도 있다. 그의 불온한 눈빛은 세상의 어떤 운명에도 맞서겠다는 결연한 의지의 표현일 수도 있다는 생각이 들기 때문이다. 그러면서 아직 인간의 삶과 운명을 주재하는 재판관인 시간에 종속되지 않은 젊음이 부러워지기도 한다. 젊음이의 미숙함은 아름답다. 인생에 정해진 답이란 없기에 길 찾기를 위한 방황과 좌절의 시간을 겪어야 한다. 그 겪음이야말로 창조의 모탕이 아니던가.

하지만 스스로 어른을 자처하는 이들의 미숙함은 보기 안쓰럽다. 가끔 하시는 한 마디가 사회통합에 기여하기보다는 갈등을 증폭시키거나, 사람들의 마음에 냉소의 한기를 심어줄 때가 많기 때문이다. 그들이 사용하는 언어는 얼마나 가학적인가? 같은 경우는 아니지만 군대에서 벌어지는 비인격적인 가혹행위가 병사들을 죽음의 길로 내몬다며 언론이 들끓고 있을 때 대통령이 한 말을 듣고 나는 아뜩한 절망감에서 헤어 나올 수가 없었다. 그는 문제는 체벌이 아니라며 "자유롭게 자란 아이들이 군에 들어가 바뀐 환경에서 적응하는 과정에서 정신적으로 받아들이지 못하는 데 더 큰 원인이 있는 것 같다"고 말했다. 심리학자의 분석이 아니다. 국민의 생명을 지키는 것을 가장 큰 책임으로 인식해야 할 분의 말이다. 이 말 속에는 자식을 가슴에 묻고 시난고난 사위어가는 부모와 가족에 대한 배려가 없다. 또 죽어간 이들에 대한 예의도 없다. 앎의 과잉이다.

세상의 모든 일에 대해 한 마디 해야 직성이 풀리는 이들과 만나는 것은 두려운 일이다. 그들은 자기를 세상의 중심에 놓고 주변세계를 재배치한다. 그들과 만나 상처를 입지 않고 물러나온다는 것은 거의 불가능에 가까운 일이다. 그들은 욥의 세 친구를 닮았다. 느닷없이 닥쳐온 불행 앞에서 넋이 빠진 친구들에 그들은 인과응보의 잣대를 들이댔다. 욥의 죄를 특정할 수는 없지만 그가 겪는 불행이 그의 죄를 입증해주고 있다는 것이다. 현대판 욥의 친구들이 참 많다. 쓰나미나 자연재해로 수많은 사람이 목숨을 잃은 사태를 두고 불신앙 운운 하는 종교인들 말이다. '모름'을 용납하지 못하는 '앎'은 독선이요 폭력이 아니던가? 딛고 서야 할 땅을 진창으로 만들어버리는 폭우처럼 '안다'고 하는 자부심은 때로 함께 살아야 할 세상을 진창으로 만들어버릴 때가 많다. 나의 '앎' 혹은 '옳음'에 대한 확신이 강할수록 타자와 소통할 여지는 줄어든다. 타자는 동화시켜야 할 대상일 뿐이다.

프로크루스테스는 그리스 신화에 등장하는 인물로 아티카의 강도이다. 그는 아테네 교외에 있는 한 언덕에 집을 짓고 강도질을 하며 살았다. 그의 집에는 철로 만든 침대가 있었는데, 그는 지나가는 길손을 초대하여 자기 침대에 눕힌 후, 침대보다 작으면 희생자의 몸을 잡아 늘이고, 침대보다 크면 잘라냈다. 그 침대에는 길이를 조절하는 장치가 있어서 누구도 그 침대에 딱 들어맞는 사람은 없었다 한다. 프로크루스테스의 침대에 누운 사람은 누구나 죽임을 당했다. 어차피 죽일 거면서 그는 왜 희생자를 그냥 죽이지 않고 사디스트적加虐的인 게임을 벌였던 것일까? 자기 나름의 정당성을 확보하기 위해서가 아니었을까? 그는 임의로 결정한 기준을 가지고 남을 재단하면서도 분명한 기준에 따랐다는 명분에 집착했던 것이다. 그 강도는 영웅 테세우스에 의해 죽임을 당했지만, 그의 침대 Procrustean bed는 사라지지 않았다. 변신에 능한 그 침대는 사람들의 자아 속에 깃들어 여전히 지배력을 행사하고 있다. 나는 그 침대를 '기준이 되려는 욕망'이라고 부른다.

전도서 기자는 너무 의롭게 살지도 말고, 너무 슬기롭게 살지도 말며, 너무 악하게 살지도 말고 너무 어리석게 살지도 말라고 충고했다. 또 하나를 붙잡되 다른 것도 놓치지 않는 것이 좋다면서 하나님을 두려워하는 사람은 극단을 피한다고 말했다(전도서 7:16-18). 어중간한 위치에 선다는 말이 아니라, 우리의 인식이 불완전함을 받아들인다는 말일 것이다. 자기 기준에 집착하는 사람은 언제나 극단에 치우치곤 한다. 그러나 극단의 자리는 온전한 인식과는 거리가 멀다. 도무지 내 기준으로는 용납할 수 없는 사람이라 해도 다른 자리에서 보면 전혀 다른 모습으로 보일 때가 있다. 우리가 아무도 멸시하거나 함부로 대할 수 없는 까닭이 여기에 있다. 인간 세상에 '절대'란 없다. 자기를 상대화할 줄 아는 것이 곧 지혜이고, 알 수 없음을 받아들임이 겸손이다.

마치 세상에 모르는 게 없는 것처럼 처신하는 사람들, 안 해본 일이 없는 것처럼 말하는 사람들, 그들의 마음에는 이웃에 대한 절절한 아픔이 깃들 수 없다. 그러니 아픔꽃조차 피워내지 못한다. 그들은 모르는 게 없지만, 사실은 아무 것도 모르는 사람들이다. 공감하는 사랑을 빼고 어떻게 인간을 논할 수 있겠는가? 세상 현실에 대해 많이 아는 사람 말고 많이 아파할 줄 아는 사람을 보고 싶다. 무한히 열려 있어 모든 것을 흐르게 하는 사람들, 어쩌면 그들이 진짜 어른인지도 모르겠다.

'그놈'에게서
벗어나는 법

"평화란 어떤 것일까?" 여름 수련회를 앞두고 교회학교 교사들이 초등학교 5, 6학년 학생들에게 던진 질문이다. 아이들은 느닷없는 질문에 잠시 뜨악한 표정을 짓고 있다가 마침내 입을 열었다. "전쟁을 하지 않는 것", "밥을 같이 먹는 것", "친구들과 사이좋게 지내는 것." 다들 엇비슷한 대답을 내놨다. 마지막으로 독일 국적의 한 아이가 심각한 표정을 지으며 말했다. "옥천 초등학교의 '그놈'과 싸우지 않는 것." 아이들도 교사도 함께 웃었다. 그 아이만 빼고. 그는 나름대로 진지했다. 모두가 평화에 대해 즐겁게 이야기를 나누는데, '그놈'의 얼굴, 표정, 목소리를 떠올리는 순간 몸과 마음이 움츠러들었을 것이다. 대체 '그놈'이 누구일까? 묻지는 않았지만 짐작은 간다. 녀석은 피부색이 다르고, 우리 말이 익숙하지 않다 하여 아이를 짓궂게 놀려댔을 것이다. 그 때문에 한번 열전을 벌이기도 했을 것이고. 방학이 되어 잠시 홀가분하게 잊고 있었는데, 선생님의 질문이 '그놈'에 대한 기억을 되살려놓은 것이다.

　누구에게나 '그놈'이 있다. 우리에게 상처를 준 사람 말이다. 초대받지 않은 손님인 그는 싫다는 데도 지싯지싯 우리 기억 속을 파고들어 평온한 일상에 파문을 일으킨다. 예기치 않은 시간에 마치 유령처럼 등장해 마음을 무겁게 하고, 그렇지 않아도 신산스러운 삶에 비애감을 더해준다.

　아주 오래 전 어느 선배가 들려준 일화가 생각난다. 생활 한복 차림에 수염을 멋지게 기르고 다니던 그는 강연차 지방에 갔다가 늦은 밤 주최측이 마련해 준 작은 모텔에 들어갔다. 수건과 주전자를 올려놓은 쟁반을 들고 방까지 따라온 주인은 다짜고짜 "도사님, 어느 산에 계십니까?" 하고 물었다. "나 그런 사람 아닙니다"라고 해도 주인 아주머니는 도무지 믿으려 하지 않았다. 급기야는 "내 팔자가 왜 이 모양인지 좀 봐달라"고 하소연하기까지 했다. 짐작되는 바가 있어 선배는 단도직입적으로 "그 놈을 용서해!" 하고 말했다. 그러자 아주머니의 낯색이 대뜸 변하면서 "그렇게는 못 해" 외치고는 자리를 떠나더란다. '그놈'은 예전에 그 아주머니를 떠나보냈는지 모르겠지만 아주머니는 '그놈'을 떠나보내지 못하고 있었던 것이다.

　'그놈'으로부터 해방되는 방법이 몇 가지 있다. 먼저는 받은 만큼 되갚아주는 것이다. '눈에는 눈, 이에는 이'라지 않던가. 문제는 그것이 더 짙은 그림자가 될 가능성이 많다는 것이다.

루쉰의 작중인물인 '아Q'가 보여준 정신승리법을 사용하는 것도 한 방법이다. 무기력한 찌질이 '아Q'는 동네 건달들에게 놀림을 당하거나 얻어맞으면 뒤돌아서서 '자식 같은 놈이니 봐준다'고 혼잣말을 하고, 사람들이 벌레 같다며 때리면 벌레를 때린 놈들은 더 나쁘다며 자기를 위로한다. 그는 언제나 승리자이다. 하지만 그는 영원한 패배자이다. 모든 문제를 세상 탓으로 돌리는 순간 그는 망상의 세계 속에 칩거할 수밖에 없기 때문이다. 문제를 신에게로 가져가 신의 정의가 이루어지기를 바라는 것도 한 방법이다. 문제는 신의 정의가 너무 더디게 집행되는 것 같다는 데 있다. 때로는 신이 그 문제에 대해 무관심한 것처럼 보이거나. 그럴 때면 '그놈'은 더욱 득의의 웃음을 띠고 찾아와 속을 뒤집어놓는다.

제일 좋은 방법은 그와 대면하여 갈등을 갈등으로 드러낸 후 화해를 모색하는 일일 것이다. 쉽지 않은 길이다. 갈등을 회피하는 성향이 많은 한국인들은 특히 이것을 어려워한다. 그럼에도 불구하고 화해를 모색해야 하는 까닭은 정신적인 구속으로부터 벗어날 수 있는 길이 그것 밖에는 없기 때문이다. 피해자의 가장 큰 불행은 가해자에 대한 기억에서 벗어나지 못하다가 결국은 가해자를 닮아버리는 것이다. '그놈'과 화해를 모색하는 것은 그를 소중한 존재로 인정하는 것인 동시에 피해의 기억에 붙들려 살지 않겠다는 일종의 독립투쟁이다. 하마다 게이코의 동화 《평화란 어떤 걸까?》를 읽다가 가슴 훈훈해지는 구절과 만났다.

　평화란 내가 태어나길 잘했다고 하는 것. 네가 태어나길 정말 잘했

　다고 하는 것. 그리고 너와 내가 친구가 될 수 있는 것.

　평화에 대해 이보다 더 잘 설명할 수 있을까?

　'그놈'이 없는 세상을 상상할 수는 없다. '그놈'은 없어져야

할 대상이 아니라 더불어 살아야 할 대상이다. '그놈'을 친구로

만들 수 있는 길을 찾아야 한다. 아무리 철옹성 같은 벽이라 해

도 어딘가에는 문이 있다지 않던가.

그림자 노동에
초대받다

뒤늦게 살림을 배우는 재미가 쏠쏠하다. 아내가 수술을 받고 자리에 누운 후, 30여 년간 거의 독점적으로 수행해오던 아내의 살림이 내 차지가 되었다. 아내는 허둥거리는 남편을 보며 옆에서 혀를 차기도 하고, 어이없어 하기도 한다. 하지만 어쩌겠는가, 초보 주부이니 말이다. 바깥 일이 분주하다는 핑계 하에 청소나 설거지 등에만 한정했던 나의 역할이 확장되자 몸은 바빠졌지만 마음은 여러 모로 즐겁다. 그동안 차려진 음식만 무심히 허겁지겁 먹던 처지인지라, 음식을 만드는 일이 아직 몸에 익지 않아 시행착오를 겪곤 한다. 신 김치를 활용해 찌개를 끓일 때 매실 엑기스나 설탕을 조금 가미해야 한다는 아내의 잔소리를 나는 비의를 전수받는 도제처럼 엄숙하게 받아들인다. 찜기를 이용해 고구마를 삶거나 채소를 데칠 때 바닥물을 어느 정도로 잡아야 하는지, 전자레인지에 음식을 데울

때에는 물을 조금 뿌려주어야 할 것도 있다는 사실도 배우고 있다. 상을 차릴 때도 찬 음식을 먼저 내놓고 그 후에 덥히거나 끓이는 음식을 장만해야 한다는 것을 시행착오 끝에 익혔다.

직접 상을 차리다보니 음식 먹음이 곧 하늘을 모시는 일임을 알 것 같았다. 평화 노래꾼 홍순관은 '쌀 한 톨의 무게'가 온 우주의 무게라고 노래했다. 웬 과장인가 싶지만 쌀 한 톨 속에는 바람, 천둥, 비, 햇살, 외로운 별빛, 농부의 새벽 등이 담겨 있다는 메시지를 듣고 보면 고개를 끄덕이지 않을 도리가 없다. 눈을 뜬 사람에게 일상의 모든 순간은 신비로 변한다. 그런 생각 때문일 것이다. 쌀과 잡곡을 씻어 일고, 밥솥에 안치고, 뜸이 푹 든 밥을 푸는 일련의 모든 행동을 나는 마치 예전을 집례하는 성직자처럼 조심스럽게 하지 않을 수 없다. 그리고 예전부터 즐겨 부르던 노래를 흥얼거리기도 한다.

천천히 씹어서 공손히 삼켜라
봄에서 여름 지나 가을까지 그 여러 날을
비바람 땡볕으로 익어온 쌀인데
그렇게 허겁지겁 먹어 버리면
어느 틈에 고마운 마음이 들겠느냐
사람이 고마운 줄을 모르면 그게 사람이 아닌 거여.

'허겁지겁'이라는 단어가 가슴을 툭 친다. 가속화된 시간을

살아가는 우리는 일상이 신비임을 알아차릴 내적 여유조차 없이 쫓기듯 살아간다.

살림을 규모 있게 하는 일은 시간이 지나가서 점차 익숙해지리라고 생각하지만 가장 가까이 살아왔던 아내의 세계에 대해 문외한으로 살아왔다는 자책감은 쉽게 떨쳐버릴 수 없을 것 같다. 그동안 외부에 나가 강연도 하고, 신문과 잡지에 글도 기고하고, 여러 가지 공적인 역할을 감당하곤 했던 나의 역할은 아내의 보이지 않는 수고 덕분이었음을 새삼스럽게 깨닫는다. 그가 나를 대신하여 시간을 지불해 준 덕에 나는 다른 일에 더 마음을 쓸 수 있었던 것이다. 살림살이라는 게 시간과 정성을 들여야 하는 예술이라는 사실도 절감하고 있다. 해도 해도 끝이 없는 일, 그러나 해 놓아야 별로 티가 나지도 않는 일, 그것을 매일 반복한다는 것, 어쩌면 그것은 산정 위로 바위를 밀고 올라가는 시지프스의 고행인지도 모를 일이다. 옛 사람들이 '살림'이라는 말과 '살이'라는 유사어를 겹쳐 살림살이라는 말을 만들어낸 것은 그런 수고야말로 생명을 살리는 일의 출발이라는 인식 때문일까?

도구적 이성이 지배하는 세상에서 생명 중심의 세상으로의 전환을 역설했던 이반 일리히Ivan Illich, 1926-2002는 시장의 상품 생산에 직접 참여하지 않고, 또 임금이 지불되지 않는 노동을 가리켜 '그림자 노동shadow work'이라 했다. 가사와 양육을 전담하다시피 하는 전업주부들의 노동이 대표적이라 할 수 있다. 사람들은 나무의 열매에는 눈길을 주지만 물과 양분을 찾아 땅 속 어둔 곳으로 안간힘을 다하고 있는 뿌리의 수고에 대해서는 기억하지 않는다. 자칫 잘못하면 그림자 노동에 종사하는 이들의 가슴에 깊은 회한의 그림자가 드리울 수도 있다. 그 그늘을 환한 그림자로 바꿀 수는 없을까? 가정이나 공동체 혹은 한 사회의 성숙함이란 그림자 노동에 종사하는 이들의 가슴에 드리운 어둔 그림자를 흰 그림자로 바꾸는 데 있다.

예기치 않게 찾아와 평온한 일상의 흐름을 끊는 낯선 시간은 어쩌면 우리가 주목하지 않았던 또 다른 삶의 진실로 우리를 부르는 초대장인지도 모른다.

깃발로
나부끼다

10여 년 전, 붉은색으로 넘치던 광장이 이제는 노란색 물결로 일렁인다. 광장은 열광과 환희의 함성 대신 숨죽인 흐느낌이 번져간다. 세월호 희생자들의 넋을 기리기 위해 사람들이 가슴에 단 노란 리본, 광장에 내건 깃발, 그리고 기억의 장소마다 붙여놓은 노란색 포스트잇은 우리가 지금 어디로 가고 있는지를 묻고 있다. 이 일을 계기로 하여 사람들은 우리가 살고 있는 세상이 얼마나 허약한 토대 위에 서 있는지를 뼈저리게 자각했다. 죽음을 예감한 이들이 절박하게 내민 손을 누구도 잡아주지 않았다. 그들은 국가에 의해 그저 버려진 것이었다. 그들은 잉여인간, 혹은 호모 세케르 취급을 받았다. 죽어간 이들의 모습에서 사람들은 자기 자식의 모습을 보았고, 또 자기 자신의 모습을 보았다. 누구도 고통이라는 나라에서 이방인일 수 없다.

분향소 앞, 세찬 바람에 일렁이는 노란색 깃발은 마치 죽어
간 이들의 넋인 듯하여 나는 그저 먼 하늘만 바라보았다. 어떤
이는 돌아선 채 눈물을 훔쳤고, 또 어떤 이는 처연한 표정으로
두 손을 그러쥔 채 영정 앞을 떠나지 못했다. 애도의 물결을 막
으려는 이들, 애도가 분노로 화하지 않을 방도 찾기에 여념이
없는 이들에게 저 펄럭이는 노란색 깃발은 공포 그 자체일 것
이다. 분향소 앞 광장에 우두커니 서 있는 데 유치환의 〈깃발〉
이 떠올랐다. 상투적인 연상 작용이 부끄러웠지만 사실이 그러
했다.

이것은 소리없는 아우성.
저 푸른 해원海原을 향하여 흔드는
영원한 노스탤지어의 손수건
순정은 물결같이 바람에 나부끼고
오로지 맑고 곧은 이념의 푯대 끝에
애수哀愁는 백로처럼 날개를 펴다
아! 누구던가
이렇게 슬프고도 애달픈 마음을
맨 처음 공중에 달 줄을 안 그는

흔들리는 깃발을 보며 '소리 없는 아우성'을 듣는 이가 곧 시
인이다. 그의 문장을 통해 우리도 이 시대의 아우성을 듣는다.

반 고흐, 〈밀밭 위를 나는 까마귀〉

프러시안 블루에 가까운 하늘빛, 격렬하게 일렁이는 밀밭이 내뿜는 노란
빛, 그리고 그 사이를 낮게 나는 까마귀의 검은빛. 그 빛들은 서로 섞이
지 않았다. 조화를 이루기 위한 조바심조차 없었다. 어쩌면 그것이 세상
과 불화하고 있던 고흐의 내면 풍경이었으리라.

그러나 지금 광장마다 내걸린 깃발은 우리를 '애수'의 정한으로 이끌지 않는다. 그것은 결코 잊지 않겠다는 결의이다. 그들을 성급하게 떠나보내지 않겠다는 하냥다짐이다. 신은 무고하게 죽임당한 아벨의 피가 땅에서 부르짖는 소리를 들었다고 가인에게 말씀하셨다. 사람은 잊어도 신은 잊지 않는다. 신은 우리가 동료 인간에게 지은 죄를 당신이 받는 모욕으로 간주하신다. 어찌 두렵지 않을 수 있겠는가?

노란색 깃발이 일렁이는 광장에서 지그시 눈을 감자 그림 하나가 떠올랐다. 빈센트 반 고흐의 〈밀밭 위를 나는 까마귀〉였다. 프러시안 블루에 가까운 하늘빛, 격렬하게 일렁이는 밀밭이 내뿜는 노란빛, 그리고 그 사이를 낮게 나는 까마귀의 검은빛. 그 빛들은 서로 섞이지 않았다. 조화를 이루기 위한 조바심조차 없었다. 어쩌면 그것이 세상과 불화하고 있던 고흐의 내면 풍경이었으리라.

그 그림에는 세 갈래 길이 나온다. 화면의 좌우로 뻗은 길은 테두리에 의해 단절되고 있다. 지금까지 대수롭지 않게 보았던 그 단절된 길이 유난히 아프게 느껴진다. 예기치 않은 시간, 예기치 않은 방식으로 찾아온 죽음과 대면해야 했던 젊은 넋들이 떠올랐기 때문이다. 하지만 또 하나의 길, 밀밭을 가로지르는 중앙의 길은 아직 열려 있다. 소실점까지 이어지진 못했지만 그래도 그 길은 아직 단절되지 않았다. 까마귀들이 그 위를 난다. 어떤 불길한 징조를 느낀 것일까? 하지만 까마귀는 죽음의 상징만은 아니다. 고흐가 동생 테오에게 보낸 편지에 보면 까마귀는 봄을 예고하는 전령이기도 하다.

나는 오늘 아침 대성당에 많은 까마귀가 있는 것을 보았다. 이제 곧 봄이 오고, 종달새가 돌아오겠지. 성경은 '주님께서는 땅의 모습을 새롭게 하십니다', '보아라, 내가 모든 것을 새롭게 한다'고 씌어 있다. 신이 대지의 표면을 새롭게 하듯이, 사람의 영혼과 마음과 가슴에 힘을 불어넣고 새로이 하실 수 있겠지?

땅의 모습을 새롭게 하는 것은 신의 일인 동시에 우리의 일이기도 하다. 저 광장에 나부끼는 노란색 깃발은 우리 일상에 균열을 일으킨다. 세상의 고통에 눈을 감은 채 얻는 안일한 행복은 허상에 지나지 않는다고 말한다. 소리 없는 아우성으로 우리 곁에 돌아온 이들은 이 세상에서 다하지 못한 자기들의 삶의 이야기를 완성해달라고 요구하고 있다.

꿈과 몽상은 어떻게 구별되는 것일까? 다른 삶의 가능성을 꿈꾸고 그런 세상을 열기 위해 몸을 움직이는 이들은 꿈을 꾸는 사람들이다. 다른 삶을 그리워하면서도 여전히 자기 삶의 자리를 벗어나지 못하는 이들은 몽상가들이다.

몽상과
꿈 사이에서

일주일에 하루, 새벽 기상 시간에 매이지 않기로 한 월요일 아침, 모처럼의 숙면을 꿈꿨지만 몸에 내장된 기억은 의지보다 강했다. 어김없이 일찍 눈이 떠졌다. 그래도 침대 속에서 두서없이 떠오르는 생각들을 따라가며 30분 쯤 뒹굴거리는 호사를 누렸다. 아내가 아침 6시만 되면 트는 FM 라디오 방송을 대신 틀고, 아침을 준비하여 함께 먹고, 설거지까지 마치고 나니 문득 세월의 무상함이 저릿하게 느껴졌다. 속으로 '지금 이곳이 참 낯설다' 하고 있는데, 라디오에서 익숙한 노래가 흘러 나왔다. 존 레논의 〈이매진〉이었다.

천국이 없다고 상상해 봐요, 하려고만 한다면 어려운 일은 아니죠.
저 아래 지옥이 없고, 저 위로 푸른 하늘만 있을 뿐.
상상해 봐요, 모든 사람들이 오늘을 살아가는 것을.

국가가 없다고 상상해 봐요. 그리 어려운 일은 아니죠.

죽일 일도 목숨을 바쳐야 할 일도 없고, 종교도 없을 거예요.

노래는 이어졌다. 존 레논이 달콤한 목소리로 모든 사람들이 평화롭게 사는 것을 상상해보라고, 그건 나 혼자만의 꿈은 아니라고, 당신도 그 꿈에 동참하라고 말할 때 가슴이 뭉클해졌다. '인간은 인간에게 늑대'라는 홉스의 말이 실감나게 다가오는 나날이다. 드라마틱한 일들이 날마다 벌어지고, 사람들은 자기 욕망을 드러내는 데 주저함이 없다. 이 시대는 욕망을 적나라하게 드러내는 것을 정직이라 말하고, 남을 짓밟는 것을 경쟁력이라 말하고, 사람들의 능력을 쥐어짜는 것을 효율성이라 말한다.

모든 만물이 피곤하다는 것을 사람이 말로 다 말할 수는 없나니 눈은 보아도 족함이 없고 귀는 들어도 가득 차지 아니하도다.

히브리의 지혜자인 코헬렛의 말이다. 그는 마치 현대인들의 정황을 보고 있는 듯이 말하고 있다. 삶이 각박하다고 느낄 때, 갈짓자 행보에 스스로 실망할 때, 역사의 전망조차 불투명할 때 사람들은 새로운 삶을 꿈꾼다. 기원전 8세기 중근동에 전쟁의 기운이 감돌고 있을 때 이스라엘의 예언자들은 사람들이 칼을 쳐서 보습을 만들고 창을 쳐서 낫을 만들고, 나라들이 더 이상 전쟁을 연습하지 않는 세상을 꿈꾸었다. 억압과 착취가 일상이 된 세상에서 그들은 이리가 어린 양과 함께 살고, 표범이 어린 염소와 함께 눕고, 송아지와 어린 사자가 함께 노는 세상을 꿈꾸었다. 어처구니없는 꿈이다. 그 꿈은 실현된 적이 없다. 그럼에도 불구하고 사람들은 그 꿈 이야기를 지치지도 않고 한다. 그것은 그런 세상의 꿈이 성취 여부와 무관하게 이미 우리들 속에 심겨져 있기 때문이다. 춘추전국시대의 현인 노자는 도에 대해 설명하면서 그것은 "애써 보려 해도 보이지 않으므로 크다夷 하고, 애써 들으려 해도 들리지 않기에 드물다希 하고, 애써 잡으려 해도 잡히지 않으므로 정묘하다微 한다"고 말했다. 우리의 희망도 그러하다.

꿈을 꾸는 이들은 불온하다. 기존질서의 입장에서 그렇다는 말이다. 꿈꾸는 이들은 당연한 것으로 받아들여지던 세상에 틈을 만들어 다른 세계가 있다는 사실을 사람들에게 환기시킨다. 기존질서는 새로운 세상을 꿈꾸는 사람들을 불온하다 하여 박해하거나, 몽상가라 하여 비웃는다. 그것은 그들의 내면에 깃든 당혹감과 불안함의 역설적 표현이다.

꿈과 몽상은 어떻게 구별되는 것일까? 다른 삶의 가능성을 꿈꾸고 그런 세상을 열기 위해 몸을 움직이는 이들은 꿈을 꾸는 사람들이다. 다른 삶을 그리워하면서도 여전히 자기 삶의 자리를 벗어나지 못하는 이들은 몽상가들이다. 극심한 인종차별의 나라 남아프리카 공화국에서 흑인들은 인간 이하의 취급

을 받았다. 속으로 분노하고, 때로는 온건하게 때로는 폭력적
으로 그 상황을 돌파해보려 했지만 그런 불의한 체제가 무너
지리라고 생각한 사람은 별로 없었을 것이다. 하지만 민권회복
을 위해 싸우다가 27년간 옥고를 치른 넬슨 만델라는 '진실'과
'화해'라는 오래된 가치를 붙들고 자유를 향한 먼 여정을 시작
했다. 그리고 그들은 마침내 모든 인종이 함께 어울려 사는 무
지개 나라의 문턱에 당도했다. 한 사람이 품은 담대한 희망과
그 희망을 현실화하기 위한 고투가 빚은 열매이다. 희생이 없
이는 변화가 일어나지 않는다. 존 레논의 노래를 들으며 새로
운 세상을 꿈꾼다. 우리는 지금 몽상과 진정한 꿈 사이를 걷고
있다.

상승과 회귀의
선순환

조계종 불교사회연구소가 지난 8월 16세 이상의 국민 1500명
을 대상으로 실시한 '2014년 한국의 사회 · 정치 및 종교에 관
한 대국민 여론조사' 결과가 공개되었다. 종교에 대한 신뢰도
를 묻는 질문에 응답자들은 천주교, 불교, 개신교, 원불교, 이슬
람 순으로 꼽았다. 비교적 소수 종교인 원불교와 이슬람을 제
외하면 개신교는 우리 사회에서 불신의 아이콘이 된 셈이다.
이슬람을 신뢰한다는 응답도 적지 않게 나온 것을 보면 우리
사회의 종교 지형도가 변화하고 있음이 분명하다. 영향력을 묻
는 질문에 대해서는 천주교, 개신교, 불교, 원불교, 이슬람 순으
로 응답했다. 사회 발전에 기여한 종교를 묻는 질문에는 가장
많은 이들이 '없다'고 대답했다. 종교 전반에 대한 부정적 평가
가 늘어난 것으로 보아야 할 것이다. 문제는 종교 간 갈등 원인
을 제공하는 종교를 묻는 질문에 무려 59.2%의 응답자가 개

신교를 꼽았다는 사실이다. 이 이야기는 아무리 부정하고 싶어도 개신교회를 바라보는 사회의 시선이 더 이상 호의적이지 않다는 사실을 입증한다.

일전의 어떤 통계에서는 '개신교' 하면 연상되는 단어를 묻는 질문에 '배타성', '헌금 강요', '독선', '세습'이라고 답한 이들이 많았다. 거기에 이제는 성추행이라는 단어까지 추가될 형편이다. 개신교회가 위기에 직면하고 있다는 사실을 부정할 사람은 없을 것이다. 어쩌다 이 지경이 되었을까? 세상이 변했기 때문일까? 아니면 많은 이들이 목에 핏대를 세우며 말하듯 언론이 개신교회에 대해 유난히 부정적인 선입견을 가지고 있기 때문일까? 그런 문제가 전혀 없다고는 할 수 없을 것이다. 하지만 이런 진단은 문제의 뿌리는 살피지 않고 곁가지만 흔드는 것과 다를 바 없다. 문제의 본질은 우리가 하나님을 제대로 믿지 않기 때문이 아니던가? 하나님을 믿는다고 하면서도 실상은 돈과 목회 방법론과 리더십 이론을 믿었던 것은 아닌가?

크로아티아 출신의 미국 신학자인 미로슬라브 볼프는 《광장에 선 기독교》에서 기독교가 원래의 역할을 감당하지 못하는 것을 일러 '기능장애'라고 말한다. 그는 기독교는 '상승'과 '회귀'의 선순환 속에 있을 때 건강하다. 상승이 하나님과의 만남을 통해 하나님의 뜻을 깨닫고 그것을 내면화하는 과정이라면, 회귀는 그런 정체성을 가지고 세상에 나아가 메시지를 전하고 하나님의 뜻을 수행하는 과정일 것이다. 상승이라는 측면이 기능장애를 일으키면 두 가지 문제가 일어난다. 첫째는 신앙의 기능 축소이다. 신의 이름으로 말하고 행동하는 척하면서 실은 신앙과 관계없는 목적을 추구하는 것이다. 이것은 자기 확장의 욕망과 관련된 것이다.

둘째는 우상으로 대체하는 것이다. 성경이 증언하고 있는 하나님을 가리고 자기들이 만들어낸 이미지를 사람들에게 주입하는 것이다. 밀로슬라브 볼프는 그 예로 '십자가를 지고 따르라'는 말씀을 '내가 너를 승리하게 하리라'는 말로 대치하는 것과, 십자가가 적대감을 극복하는 창조적인 사랑이 아니라 파괴와 폭력의 상징이 되어 버리는 현실을 지적한다.

회귀라는 측면이 기능장애를 일으킬 때도 역시 두 가지 문제가 일어난다. 첫째는 신앙의 나태함이다. 이것은 적당히 체제에 길들여지는 것이다. 이때 종교는 '진정제'와 '신경안정제' 혹은 '환각제'와 '흥분제'로 기능한다. 이 경우 하나님의 구원 이야기의 일부가 되기보다는 자기 이야기 속에 하나님을 끌어들이려 한다. 둘째는 신앙의 강요이다. 아직 준비가 되지 않은 사람들을 강제함으로 오히려 기독교에 대한 반감을 갖도록 만드는 일이 비일비재하다. 어느 선교 신학자는 선교란 '매력의 감염'이라 했다. 하나님을 믿는 이들의 삶이 매력적이면 선교는 저절로 이루어진다.

희망의 표징

하나님, 여러 가지 근심과 걱정, 분노와 환멸이
우리 마음을 온통 사로잡는 것 같습니다.
하나님께 마음을 집중하려 해도
저 덧거친 세상을 떠돌고 있는 마음은
좀처럼 고요해지질 않습니다.
타자의 고통을 대놓고 조롱하는 이들의
모습이 떠오를 때면 사람 지으신 것을 후회하셨던
주님의 마음이 느껴워져 가슴이 먹먹해집니다.
질서 있게 창조하신 세상이
점점 혼돈에 빠져드는 것 같습니다.

무력감이 흉용한 물결처럼 우리를 사로잡습니다.

주님, 그러나 절망을 향해

너무 빨리 돌아서지 않도록 우리를 지켜주십시오.

주님의 뜻을 이루기 위해 세상의 고난을 짊어진 이들,

새로운 질서를 탄생시키기 위해

죽음을 무릅쓰는 이들을 보호하여 주십시오.

주님의 십자가에서 희망의 표징을 보도록

우리 눈을 열어주십시오.

선으로 악을 이기는 검질긴 신앙의 승리자들이 되게 해주십시오. 아멘.

별을 낳는 사람들 /

하늘을 볼 수 없는 순록, 이게 지금 우리의 모습이 아닌가? 욕망이라는
이름의 끈을 자르지 않는 한 자유로운 질주는 불가능하다. 하늘을 볼 수
도 없다. 하늘을 잃는 순간 삶은 엄청난 중력으로 우리를 끌어당겨 땅바
닥에 내동댕이친다. 이카로스처럼 비상을 꿈꾸는 불온한 사람이 그리운
것은 그 때문이다. 그런데 아는가? 창공이 아닌 다른 하늘은 고통 받는
이들 곁에 다가섬을 통해 열린다는 사실을…. 비록 무거리 같은 존재라
해도 하늘을 여는 기쁨을 맛볼 수는 있지 않겠는가.

모든 것을 경제 문제로 환원하는 순간, 수단이 목적으로 변하는 순간 세상은 천박해진다. 사람
은 밥만 먹고 사는 존재가 아니라 의미를 먹어야 사는 존재이다. 예수는 돌을 떡으로 만들어
보라는 사탄의 유혹을 단호하게 물리쳤다. 생의 문제를 경제 문제로 환원하기를 거부한 것이
다. 어느 분은 현대인들은 돌로 만든 떡을 먹고 살기에 돌가슴이 되었다고 말했다. 이웃의 기
쁨과 슬픔, 그리고 고통에 공감할 줄 모르는 사람들이 활보하는 세상은 위험한 곳이다.

메피스토펠레스의
해법

요한 볼프강 폰 괴테의 〈파우스트〉 제2부 제1막은 황제의 궁성을 보여준다. 총체적 위기에 빠진 한 나라에 파우스트와 악마인 메피스토펠레스가 찾아간다. 나라의 위기에도 불구하고 황제나 관료들은 아무런 대책도 세우지 못한 채 속수무책이었다. 나라가 그 지경이 된 까닭을 제대로 인식하고 있는 사람은 재상뿐이었다. 그는 만백성이 사랑하고, 요구하고, 소망하고, 없으면 괴로워하는 것이 바로 정의인데 그것이 사라져 세상이 어지럽게 되었다고 말한다.

아아! 온 나라가 열정에 걸린 듯 들끓고, 악이 악에서 부화되고 있은즉, 인간 정신의 오성이, 심성의 선량함이, 노동의 열의가 다 무슨 소용이란 말입니까?

재상은 나라를 위기로부터 구하는 해법으로 정의의 회복을 제시한다. 그러나 황제는 재상의 진언을 받아들이지 않는다. 대신 눈에 보이지 않는 것을 담보로 하여 돈은 얼마든지 만들어낼 수 있다는 메피스토펠레스의 말에 홀딱 넘어간다. 관료들도 마찬가지였다. 궁내부대신이 "궁중에서 필요한 재물만 만들어 준다면, 약간의 부정이야 눈감아 줄 용의가 있다"고 말하자 국방장관은 "병정들은 돈의 출처를 묻지도 않을 거"라며 맞장구친다. 그렇게 불의의 연대가 이루어지자 사람들은 모두 돈의 확고한 포로가 되고 만다. 정의 대신 손쉬운 해법이 제시되자 사람들은 너나없이 소비에 탐닉한다. 문제는 이러한 행복의 환각이 언제든 깨질 수 있다는 것이다.

친절한 자본주의는 당장 돈이 없더라도 소비할 수 있는 멋진 방법을 고안해냈다. 신용카드가 그것이다. 없는 것을 담보로 하여 돈을 만들어냈던 메피스토펠레스의 마법처럼 신용카드는 욕망을 굳이 유보시키지 않아도 된다고 우리에게 속삭인다. 소비사회의 신민이 된 사람들에게 신용카드는 이미 새로운 결제수단이 아니라 행복의 문을 여는 티켓이다. 그런데 그것이 어느새 우리를 확고하게 얽어매는 거미줄이 되고 말았다. 우리의 정보는 소상하게 수집되었고, 수집된 정보에 따라 분류되었다. 신상에 대한 기초적인 정보는 물론이고 금융거래내역, 신용등급, 재산등급, 소비성향, 직업까지도 다 드러났다. 그래도 우리는 불편해하지 않았다. 그런 비밀스런 정보는 은행이나 신용카드 회사만 알고 있으리라 믿었기 때문이다. '신용' 카드 아닌가.

그런데 그런 믿음이 얼마나 터무니없는 것인가가 드러났다. 우리들 각자에 대한 정보가 쉽게 빼돌려져 시중에 유통되고 있다는 것이다. 사람들은 부랴부랴 자신에 관한 정보도 새나갔는지 확인해보고, 카드를 해지하기도 하지만 소 잃고 외양간 고치는 격이다. 사람들은 분노했다. 관리감독 책임이 있는 사람은 "어리석은 사람은 무슨 일이 있으면 책임을 따진다"며 정보 제공에 관한 동의서를 잘 살피지 않는 국민들을 어리석은 자로 몰았다. 울고 싶은 데 뺨을 때려준 격이다. 누구도 책임을 지려 하지 않는다. 각자가 알아서 잘 하란다. 국민들의 불안, 불편, 불쾌 따위는 아랑곳하지 않는다.

경제 살리기를 최우선의 국정 과제로 삼은 대통령은 '통일은 대박'이라는 애드벌룬을 띄웠다. 아무리 사세가 급하게 돌아간다고 해도 통일이라는 민족적 과제를 경제적 이득의 측면에서 접근해야 한단 말인가. 설사 그런 것을 정밀하게 계산해보는 것이 정치인들의 과제라 해도 차마 드러내지 말아야 할 것도 있지 않은가? 모든 것을 경제 문제로 환원하는 순간, 수단이 목적으로 변하는 순간 세상은 천박해진다. 사람은 밥만 먹고 사는 존재가 아니라 의미를 먹어야 사는 존재이다.

예수는 돌을 떡으로 만들어 보라는 사탄의 유혹을 단호하게 물리쳤다. 생의 문제를 경제 문제로 환원하기를 거부한 것이

다. 어느 분은 현대인들은 돌로 만든 떡을 먹고 살기에 돌가슴
이 되었다고 말했다. 이웃의 기쁨과 슬픔 그리고 그 고통에 공
감할 줄 모르는 사람들이 활보하는 세상은 위험한 곳이다. 정
의를 해법으로 제시했던 재상의 목소리가 잦아들 때 세상은
디스토피아로 변해간다.

봄은
어떻게 오는가?

송파구 '세 모녀의 죽음'이 일으킨 파장이 크다. 생존의 벼랑 끝으로 내몰려 선택할 수밖에 없었던 죽음, 그것은 사회적 타살이었다. 자살을 미화하자는 말이 아니다. 다른 삶을 선택할 가능성이 줄어들수록 극단적 선택의 인력이 커지는 법이다. 그 안타까운 죽음은 지금 우리 사회의 이면을 드러내는 기호이다. 이 무정한 세상을 향해 그들이 남긴 메시지는 원망이나 저주가 아니라 '죄송합니다'였다. 무엇이 죄송하다는 말일까? 처연함조차 없는 그들의 담백한 말이 우리를 더 아프게 한다.

이런 일이 생길 때마다 '땅 끝까지 이르러 내 증인이 되라' 하셨던 예수의 말이 아프게 떠오른다. 땅 끝은 저 먼 나라가 아니라 어쩌면 가장 가까이에 있는지도 모른다. 볼 마음만 있으면 누구나 볼 수 있고, 다가가려는 마음만 있으면 언제든 다가갈 수 있는 곳에 땅 끝이 있다. 혼자의 힘으로는 일어설 수 없

행방불명 되신 하느님께 보내는 출소장

이 곤궁한 시대에
교회는 실로 너무 많은 것을 가졌습니다
교회는 너무 많은 재물을 가졌고 너무 많은 거짓을 가졌고
너무 많은 보태기 십자가를 가졌고
너무 많은 권위와 너무 많은 집을 독차지하고 있습니다
너무 많은 파당과 너무 많은 미움과
너무 많은 철조망과 벽을 가졌습니다
빼앗긴 백성들이 갖지 못한 것을 교회는 다 가졌습니다
잘못된 권력이 가진 것을 교회는 다 가졌습니다
그래서 교회는 벙어리입니다
그래서 교회는 장님입니다
그래서 교회는 귀머거리가 된 지 오래입니다
그래서 교회는 오직 침묵으로 번창합니다

_고정희

는 사람들이 바로 우리의 땅 끝이다. 이탈리아의 정치철학자인 아감벤은 사회에서 쉽게 차별과 배제의 대상이 되는 이들을 일러 '호모 사케르'라 했다. 문자적인 의미는 '거룩한 인간'이지만 실제로는 '잉여 인간' 취급을 받는 사람들을 이르는 말이다. 잉여 인간이란 있어도 그만이고 없어도 그만인 존재이다. 사람들은 그들에게 다가가기를 꺼린다. 그 만남이 야기할지도 모를 불편함과 감정적인 얽힘이 싫기 때문이다.

마하트마 간디는 교회를 짓기 전에 먼저 가난한 이들을 찾아가 그들의 눈이 무엇을 말하는지 들어보라고 말했다. 그런 겸허한 경청이 있다면 오늘의 교회가 이 지경에 이르지는 않았을 것이다. 이제라도 교회는 '땅 끝'으로 가야 한다. 저 먼 땅 끝이 아니라 아주 가까이에 있는 땅 끝 말이다.

2013년부터 몇몇 교회들이 서울시와 함께 '위기가정 살리기 프로젝트'를 진행하고 있다. 목표는 아주 소박하다. 아직 복지 행정의 손길이 미치지 못하는 지대에 머물고 있는 이들, 생존의 벼랑 끝에 내몰린 사람들, 조금만 거들어주면 일어설 수 있는 사람들의 비빌 언덕이 되어 주자는 것이다. 쪽방에서 근근이 살아가는 이들, 그중에서도 아이들을 둔 가정의 주거환경을 바꿔줌으로써 그들이 밝고 건강하게 살아갈 기회를 제공하려는 것이 기본 목표이다. 물론 그것이 문제의 궁극적 해결책이 될 수 없다는 사실은 잘 안다. 할 수 있기 때문이 아니라, 마땅히 해야 할 일이기 때문에 그 일을 시작했을 뿐이다.

세 모녀의 죽음은 자기 확장 욕망에 사로잡힌 교회에 대한 기소장인지도 모르겠다. 작고한 시인 고정희의 〈행방불명 되신 하느님께 보내는 출소장〉이라는 시는 우리의 현실을 아프게 지적하고 있다.

이 곤궁한 시대에
교회는 실로 너무 많은 것을 가졌습니다
교회는 너무 많은 재물을 가졌고 너무 많은 거짓을 가졌고
너무 많은 보태기 십자가를 가졌고
너무 많은 권위와 너무 많은 집을 독차지하고 있습니다
너무 많은 파당과 너무 많은 미움과
너무 많은 철조망과 벽을 가졌습니다
빼앗긴 백성들이 갖지 못한 것을 교회는 다 가졌습니다
잘못된 권력이 가진 것을 교회는 다 가졌습니다
그래서 교회는 벙어리입니다
그래서 교회는 장님입니다
그래서 교회는 귀머거리가 된 지 오래입니다
그래서 교회는 오직 침묵으로 번창합니다

이런 고발이 억울할 수도 있고 지나치다는 생각이 들 수도 있다. 그러나 완전히 부정할 수도 없는 것이 우리의 현실이다. 이런 고발을 하나하나 되짚어가면서 그 상황을 역전시킬 때

교회는 교회다워질 것이다.

남녘에서 들려오는 꽃소식을 들으면서도 마음이 가든하지 않은 것은 이 땅 구석구석에서 들려오는 피울음소리 때문이다. 봄은 그들의 눈물을 닦아주려는 이들, 누군가의 비빌 언덕이 되기 위해 몸을 낮춘 이들, 엎드려 길을 내는 이들의 따뜻한 마음을 통해서 온다. 그런 봄에 무임승차하지 말 일이다.

팽목항의
피에타

미켈란젤로1475-1564는 여러 개의 '피에타' 작품을 남겼다. 가장 유명한 것은 로마의 산 피에트로 성당San Pietro Basilica에 있는 작품이다. 미켈란젤로가 24살 때 제작한 그 작품에서 어머니 마리아는 아들 예수의 시신을 무릎에 올려놓고 비탄에 잠겨 있다. 하지만 그 작품 속의 마리아는 감정적인 동요를 보이지 않는다. 아름다운 균형과 비례가 돋보이는 그 작품에는 삶과 죽음의 경계를 초월한 한 어머니의 숭엄한 고요가 서려 있다. 그 고요함은 사소한 일에도 흔들리곤 하는 우리 삶에 부끄러움을 안겨준다. 아름답지만 섣불리 다가서기 어렵다.

미켈란젤로의 또 다른 피에타는 전혀 다른 형상을 하고 있다. 밀라노의 스포르체스코 성Sforzesco Castello 박물관에 있는 '론다니니의 피에타La Pieta Rondanini'가 그것이다. 이 작품은 미켈란젤로가 죽기 며칠 전까지 손을 댔던 미완성의 작품이라

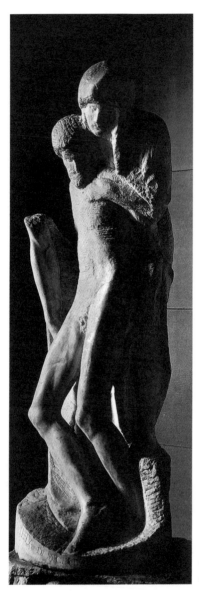

미켈란젤로,
〈론다니니의 피에타〉

한다. 그 작품에서 어머니 마리아는 십자가에서 내려진 예수의 시신을 뒤에서 부축하고 있다. 중력에 이끌리듯 아래로 아래로 무너지는 아들을 부둥켜안고 있는 어머니. 그런데 자세히 보면 호흡이 멎은 예수가 살아있는 마리아를 업고 있는 것처럼 보인다. 아무런 무늬도 들어있지 않은 하얀색 대리석, 그것도 미완에 그친 '론다니니의 피에타' 앞에 서는 순간 그 자리를 쉽게 벗어날 수 없었다. 산 자가 죽은 자를 부축하고, 죽은 자가 산 자를 업고 있는 듯한 그 형태 속에서 나는 고통 받고 있는 인류를 보았다. 그 인류의 아픔을 지고 서 있는 예수를 보았다.

그런데 우리는 또 다른 피에타를 보고 있다. 그 피에타는 저 무심한 진도 앞바다를 품고 있는 팽목항에 있다. 돌아올, 아니 돌아와야만 할 자식의 젖은 몸을 덮어주려고 담요를 든 채 하염없이 바다만 바라보고 있는 어머니의 모습. 그런데 그 피에타의 품에는 자식이 없다. 이보다 더 큰 슬픔이 어디 있을까? 돈 귀신에 들린 기업가, 관리 감독 책임을 방기한 관료들, 생명을 살리기 위해 가능한 모든 수단을 다 동원하기보다는 책임 회피에 급급했던 해경, 그리고 무능하기 이를 데 없는 정부, 그리고 이런 세상을 만들어 놓고도 '별 일 없겠지' 하며 무사안일

우리는 또 다른 피에타를 보고 있다. 그 피에타는 저 무심한 진도 앞바다를 품고 있는 팽목항에 있다. 돌아올, 아니 돌아와야만 할 자식의 젖은 몸을 덮어주려고 담요를 든 채 하염없이 바다만 바라보고 있는 어머니의 모습. 그런데 그 피에타의 품에는 자식이 없다. 이보다 더 큰 슬픔이 어디 있을까?

하게 살아온 우리가 공모하여 죽인 이들이 지금은 거울이 되어 우리 양심을 돌아보라고 다그친다. 팽목항 앞의 피에타 앞에서 우리는 눈물을 그칠 수 없다.

그리스 비극작가인 아이스퀼로스는 《코에포로이》에서 아버지의 무덤가에 앉아 엘렉트라가 한 탄식을 들려준다.

사람이 죽는다 하더라도 자식들은 기억의 목소리가 되어 망각으로부터 그를 지켜줄 것이기 때문입니다. 자식들은 그물이 바다 밑으로 가라앉는 것을 막아 주는 부표浮漂와도 같습니다.

그래, 이것이 순리이다. 그런데 지금 우리는 순리가 뒤집힌 현실을 마주하고 있다. 부모가 자식의 '기억의 목소리'가 되어야 하는 세상, 그들이 가라앉지 않도록 '부표' 역할을 해야 하는 세상은 참혹하다. 교회가 그 고통 속에 있는 이들에게 다가가야 한다. 그들이 마음 놓고 울 수 있는 배경이 되어 주어야 한다. 하지만 그들이 겪고 있는 기막힌 고통의 의미를 성급하게 제시하려는 욕망은 버려야 한다. 그것은 교만일 뿐이다. 고통은 사람들 각자가 서 있던 삶의 토대를 흔들어 기원을 알 수 없는 혼돈 속으로 이끌어간다. 지금까지 작동해왔던 삶의 문법은 더 이상 작동하지 않는다.

참혹한 시련을 겪는 욥을 위로하기 위해 불원천리하고 찾아온 세 친구들은 정말 아름다운 사람들이었다. 하지만 욥이 자

기 속에 깃든 고통과 무의미성을 견딜 수 없어, 왈칵왈칵 쏟아
내는 말이 신에 대한 원망처럼 들리자, 그들은 욥의 곁을 떠나
신의 곁으로 옮겨간다. 그들은 마치 신의 대리인이 되기라도
한 것처럼 욥을 공박한다. 그들의 말이 다 그른 것은 아니다.
귀담아 들어야 할 말도 많다. 하지만 발화된 말의 의미는 발설
되는 맥락에 따라 달라진다. 고통 속에 있는 이에게 던져지는
'옳은 말'은 살리는 말이 아니라 죽이는 말이다. 그 말은 듣는
이를 위한 말이 아니라 말하는 이를 위한 말이다. 그렇기에 이
말은 폭력이다.

    지금 우리에게 필요한 것은 모르는 것을 모르는 것으로 남
겨두고, 혼돈을 혼돈으로 인식하는 정직함이다. 다만 우리가
철저히 물어야 할 것은 '누가 이 일에 책임이 있는가?'이다. 그
렇지 않다면 팽목항의 피에타는 위로받기를 거절할 것이다.

나는
저항한다

프랑스 남부의 도시 리옹에 있는 '이산과 저항의 역사 박물관'
에 다녀왔다. 이 박물관은 1987년에 열린 클라우스 바비Klaus
Barbie에 대한 전범 재판이 계기가 되어 설립되었다고 한다. 바
비는 2차 세계대전 당시 리옹에 주둔하고 있던 독일 비밀경찰
의 책임자였는데, 제3국으로 도피하여 살고 있다가 뒤늦게 체
포되어 인간성에 반하는 범죄를 저지른 혐의로 기소되었다.
1987년 5월 11일 리옹에서 시작된 이 재판에서 검찰은 1943
년부터 1944년 사이에 그가 직간접적으로 개입해서 저지른
수많은 반인륜적 행위들을 피해자들의 증언과 함께 제시했다.
배심원들은 리옹의 도살자라고 불렸던 그에게 유죄를 평결했
고 재판관들은 그에게 종신형을 선고했다. 당시 바비는 74세
였다. 바비 재판은 많은 사람들이 잊고 있었던 아픈 기억을 되
살려냈다.

이 박물관은 바로 그 결과물이다. 폭격으로 폐허가 되었던 거리 옆, 나찌 게슈타포 본부가 있던 곳이야말로 박물관이 들어설 자리로 제격이었다. 1992년 10월 15일 개관식에는 노벨 평화상 수상자이자 저명한 소설가인 엘리 비젤도 참여했다. 그는 죽음의 수용소에서 살아난 후 평생을 그 폭력의 역사를 증언하는 일에 바친 사람이다. 유르겐 몰트만의《십자가에 달리신 하나님》은 비젤의 책《흑야》*Night*로부터 촉발되었음은 잘 알려진 이야기이다.

인간의 위대함은 '저항'에 있다. 이 박물관은 부자유와 인간성에 반하는 일이 강요되었지만, 억압이 가중될수록 저항도 가열차게 전개되었다는 사실을 증언하고 있다. 자유를 얻기 위해 죽음의 위험을 무릅쓴 사람들, 길들여지기를 거부한 채 단호히 정의의 길을 선택한 이들이 없었다면 세상은 여전히 전체주의의 먹구름 아래 있을 것이다. 신동엽은 먹구름을 하늘로 알고 살아가는 이들을 향해 이렇게 외친다.

네가 본 건, 지붕 덮은
쇠 항아리,
그걸 하늘로 알고/일생을 살아갔다.

닦아라, 사람들아,
네 마음 속 구름

불의에 저항하지 않는 것은 악에게 협력하는 것과 다를 바 없다. 박물관
밖에는 누구의 작품인지 모르겠지만 총신이 엿가락처럼 휘어 고리 모양
을 이룬 권총이 형상화되어 있었다. 작가가 꿈꾸는 세상, 전쟁과 폭력 그
리고 인간성에 반하는 범죄가 일어나지 않는 세상은 아직은 요원하다.
'평화에 이르는 길은 없다. 평화가 곧 길이다.'

찢어라, 사람들아,

네 머리 덮은 쇠 항아리.

아침 저녁

네 마음 속 구름을 닦고

티없이 맑은 영원의 하늘

볼 수 있는 사람은

외경畏敬을/알리라.

_〈누가 하늘을 보았다 하는가〉 부분

박물관을 보면서 감동과 회오가 부끄럽게 교차했다. 여전히 친일파의 후손들이 득세하는 우리네 현실이 떠올랐기 때문이다. 마땅히 기억해야 할 것을 기억하지 않으면 그 일은 반드시 다시 되돌아와 우리 삶을 짓누른다. 박물관을 돌아 나오는데 직원 한 사람이 어디에서 왔냐고 묻더니 이 도시의 역사에 관심을 가져주어 고맙다면서 브로셔 한 장을 내밀었다. 박물관을 간략하게 소개하기 위해 제작된 것이었는데 어떤 시인의 말이 인용되어 있었다.

손으로 벌을 눌러 죽일 수는 있겠지요. 그러나 벌도 그냥 죽지는 않을 겁니다. 반드시 당신을 쏠 겁니다. 당신은 별 문제 아니라고

말하겠지요. 그래요, 그건 사실 별 문제가 아니지요. 하지만 벌이
당신을 쏘지 않았다면, 벌들은 이미 오래 전에 사라지고 말았을 겁
니다.

강력한 메시지 아닌가? 불의에 저항하지 않는 것은 악에게
협력하는 것과 다를 바 없다. 박물관 밖에는 누구의 작품인지
모르겠지만 총신이 엿가락처럼 휘어 고리 모양을 이룬 권총이
형상화되어 있었다. 작가가 꿈꾸는 세상, 전쟁과 폭력 그리고
인간성에 반하는 범죄가 일어나지 않는 세상은 아직은 요원하
다. '평화에 이르는 길은 없다. 평화가 곧 길이다.' 불의에 끊임
없이 저항하되 자기 속이 거칠어지지 않도록 경계해야 한다.
미움에 지고 말면 평화는 영 불가능하기 때문이다. 강하다 하
여 남을 함부로 대하지 않는 사람, 누구든 자기에게 동화시키
려 하지 않는 사람, 서로의 다름을 진심으로 존중하는 사람, 다
른 이들의 마음에 생기를 불어넣으며 살아가려는 이들이야말
로 평화의 일꾼이 아니겠는가.

진노의 팔을
붙잡는 손

프랑스 리옹에 간 것은 떼제 공동체를 방문하기 전 며칠 숨을
고르기 위해서였다. 리옹은 12세기의 종교개혁가였던 왈도와
《어린왕자》의 작가 생텍쥐페리의 고향이었기에 왠지 친근감이
느껴지는 도시였다. 떼제로 떠나기 전날 리옹 박물관에 들렀
다. 유럽에서도 손꼽히는 박물관임에도 불구하고 비교적 한산
한 덕에 아주 여유롭게 작품들을 감상할 수 있었다. 수많은 작
품 가운데서 두 작품이 오래도록 내 발걸음을 붙잡았다. 하나
는 오귀스트 로댕August Rodin, 1840-1917의 조각작품 〈안토니우
스 성인의 유혹 1889〉이었다. 안토니우스 성인은 신앙의 순수
성을 지키기 위해 사막으로 들어간 교부들 가운데 많은 이들
의 존경을 받는 분이다.

　　아타나시우스는 《안토니우스의 생애》에서 수도원주의를 정
초한 인물로 그를 소개하고 있다. 안토니우스는 수많은 유혹에

맞서 싸운 인물로도 유명하다. 로댕은 그런 성인의 내면에서 벌어진 고투를 대리석을 이용해 표현했다. 수도자 복장을 한 성인은 몸을 잔뜩 움츠린 채 고개를 바닥에 쳐 박고는 필사적으로 십자가를 붙들고 있다. 그런 수도자의 등 위로 벌거벗은 여인이 아주 개방된 자세로 누워 있다. 여인의 눈은 초점을 잃은 것처럼 공허하다. 여인은 물론 거룩의 길에서 마주치게 되는 온갖 유혹의 은유일 것이다. 이 작품에서 성인의 움츠린 몸과 여인의 개방된 몸은 극단적인 대비를 이루고 있다. 여인의 몸은 매끈하여 광택이 난다. 그에 비해 성인의 옷자락과 몸은 마치 미완성 작품인양 거칠다.

로댕은 안토니우스를 통해 진리를 향한 여정 가운데 있는 성인을 그렇게 표현하고 싶었던 것일까? 아니면 진리의 길은 여전히 더 깊은 곳을 향해 열려 있다는 말을 하고 싶었던 것일까? 로댕은 이러한 질문에 답하지 않는다. 결론을 내리고 싶은 유혹을 뿌리친다는 것, 그것이야말로 정신적 성숙의 징표일 때가 많다. '지당한 말씀'은 사람들에게 경청되지 않는다. '여백이 없는 말씀'은 사람들을 변화로 이끌지 못한다. 설교자의 언어가 어떠해야 하는지 로댕의 작품을 보며 다시 한 번 생각해 본다.

또 다른 하나의 작품은 루벤스Pierre-Paul Rubens, 1577-1640의 〈그리스도의 진노로부터 세상을 지키는 성 도미니크와 성 프란체스코〉였다. 대작인데 화면의 상단에는 죄악에 가득 찬 세

루벤스, 〈그리스도의 진노로부터 세상을 지키는 성 도미니크와 성 프란체스코〉

오늘의 교회는 과연 그리스도의 진노의 팔을 막고 있는가? 자신 있게 그렇다고 대답할 수 없다. 이미 부유해진 교회, 부유해지고 싶은 교회에는 그리스도가 머물 자리가 없다. 십자가를 잃어버린 교회는 무너지는 게 당연하다. 세속적인 성공의 유혹에 저항하고, 스스로 가난해지려는 노력 없이 교회는 새로워지지 않는다.

상을 보고 진노하여 손에 갈대로 만든 채찍을 들고 서 계신 예수님의 모습이 보인다. 몸에 두른 붉은 망토는 그분의 신성을 나타낸다. 그의 왼편에는 애처로운 눈빛으로 아들을 바라보며 마치 그의 손을 잡으려는 듯이 다가서고 있는 성모의 모습이 보인다. 성모의 옷은 푸른색이고 거기에는 영롱한 별들이 새겨져 있다. 그것은 영광의 색이다. 오른편에는 근심스런 표정의 성부와 비둘기로 형상화된 성령이 있다. 화면의 하단에는 뱀이 휘감고 있는 지구본 위에 걸터앉아 있는 도미니크 성인과 그 위에 손을 얹은 프란체스코 성인이 아주 간절한 눈빛으로 하늘을 바라보고 있다. 프란체스코는 맨발에 누더기 차림이다. 그들의 한 팔은 마치 내려치는 그리스도의 팔을 막으려는 듯 위로 치켜 올려져 있다. 두 성인의 주위로 수많은 사람들이 서 있다.

　루벤스가 이 작품에 착수한 것은 1602년부터라고 한다. 종교개혁과 반종교개혁이 일으키는 격랑 속에서 유럽이 표류하고 있던 때이다. 종교가 폭력의 뿌리가 되고 있던 시대, 루벤스는 그런 시대를 향해 도미니크와 프란체스코 두 성인의 정신을 회복하는 것이야말로 세상의 희망이라고 말하고 싶었던 것일까? 두 성인 모두 탁발 수도원 운동을 벌였던 이들이다. 프란체스코는 '가난 부인'과 결혼한 사람이었고, 도미니크 역시 그러했다. 도미니크는 세상을 떠날 때 이런 유언을 남겼다고 한다.

형제들 간에 서로 사랑하라. 겸손하라. 청빈을 자발적으로 실천함
으로써 영적 보화를 만들어 가라.

오늘의 교회는 과연 그리스도의 진노의 팔을 막고 있는가?
자신 있게 그렇다고 대답할 수 없다. 이미 부유해진 교회, 부유
해지고 싶은 교회에는 그리스도가 머물 자리가 없다. 프란체스
코 교종의 방문으로 개신교회의 위기가 가속화될 것이라고 우
려하는 이들이 있다. 하지만 그런 우려를 불식시키는 길은 '십
자가'를 꼭 붙드는 수밖에 없다. 십자가를 잃어버린 교회는 무
너지는 게 당연하다. 세속적인 성공의 유혹에 저항하고, 스스
로 가난해지려는 노력 없이 교회는 새로워지지 않는다.

광장에서

벨쿠르Bellecour 광장은 프랑스 제3의 도시라는 리옹의 중심에 있었다. 론강 옆에 있는 이 광장은 그동안 유럽에서 만난 광장 가운데 가장 큰 것이 아니었나 싶다. 광장 한 복판에는 태양왕이라는 별칭으로도 불렸던 루이14세의 기마상이 우뚝 서 있다. 주말이 되어 많은 젊은이들이 광장에 나와 있었다. '거리 농구' 시합에 나선 건강하고 건장한 청년들의 역동적인 모습을 보는 일이 참 즐거웠다.

  하지만 내가 리옹을 떠나기 전 마지막 일정으로 이 광장을 찾은 것은 《어린왕자》의 작가인 생텍쥐페리와 만나고 싶었기 때문이다. 그는 리옹에서 태어나 9살까지 살았다. 리옹 시는 그를 기념하기 위해 그가 태어난 집 앞 거리를 생텍쥐페리가로 명명했다. 생텍쥐페리가 8번지가 그가 태어난 곳이다. 그의 집 앞에 작은 동상이 하나 서 있다고 해서 살펴보는 데 아무리

내가 죽은 듯이 보일 거야. 하지만 정말로 죽는 건 아닌데…

《어린왕자》의 거의 마지막 부분에 나오는 구절이다.
그것은 어린왕자의 말이기도 하지만 저 동상 위의 생텍쥐페리가
우리에게 하는 말이기도 하다.

보아도 발견할 수가 없었다. 사람들에게 물어도 대개는 고개를 가로저을 뿐이었다. 지도를 들고 두리번거리는 나를 보았는지 한 사람이 다가오더니 자기가 도울 수 있는 일이 없는지 물었다. 생텍쥐페리의 동상을 찾는다 했더니 그는 성큼 성큼 앞서 가며 따라오라고 했다. 동상이 작아서 자칫하면 그냥 지나치기 쉽다면서. 정말 그랬다. 작고 높은 기둥 위에 비행사 모자를 쓴 생텍쥐페리가 걸터앉아 먼 데를 바라보고 있었다. 그의 뒤로는 '어린왕자'가 가만히 서 있었다. 안내해 준 이에게 기둥 아래 새겨진 문장의 뜻을 물었다.

　내가 죽은 듯이 보일 거야. 하지만 정말로 죽는 건 아닌데…

　《어린왕자》의 거의 마지막 부분에 나오는 구절이다. 그것은 어린왕자의 말이기도 하지만 저 동상 위의 생텍쥐페리가 우리에게 하는 말이기도 하다. 작가이면서도 죽을 때까지 비행사로 살다가 비행기와 함께 실종된 생텍쥐페리, 그가《인간의 대지》에서 들려준 이야기가 떠오른다. 그는 1935년에 파리와 사이공 사이의 장거리 항로 개척을 위한 시험 비행 중에 북아프리카의 리비아 사막 한복판에 추락한 적이 있다. 그는《인간의 대지》에 자신의 경험을 자세히 기록해 놓았다. 거의 사막에 수직으로 쳐 박혔는데도 살아남았다는 것은 기적 중의 기적이었다. 침착한 그와 동료는 치밀한 과학자의 계산으로 가능한 모든 방법을 모색하며 인간의 세계로 돌아가 길을 찾아 헤맨다.
이런 식이다.

> 습도가 낮은 이곳에서 이대로 가면 24시간이 지나면 목숨이 가랑
> 잎처럼 말라버릴 것이다. 하지만 지금 동북풍이 바다 쪽에서 불어
> 오니 습도는 약간 높아질 것이다. 그래, 동북쪽으로 가자.

그는 밤에는 낙하산 천을 찢어 모래 위에 깔아놓았다가 새
벽에 이슬을 짜서 목을 축였다. 그러나 며칠이 지나면서 구원
의 여망은 사라져갔다. 냉철한 그는 마지막 방법을 쓰기로 했
다. 비행기의 잔해에 불을 지르는 것이었다. '세상에서 불을 다
룰 수 있는 동물은 오직 인간뿐이니, 누군가가 사막에서 일어
나는 불꽃을 본다면 우리는 구원받을 수도 있을 것이다.' 그러
나 그 최후의 수단도 듣지 않았다. 다음 날, 그는 다시 걷기 시
작했다. 그대로 포기하고 싶은 생각이 시시각각 찾아왔다. 하
지만 문득 그의 뇌리에 떠오른 것은 라디오 앞에 앉아 이지러
진 얼굴로 절망에 잠겨 기다릴 아내의 얼굴과 불안과 초조에
사로잡힌 친구들의 얼굴이었다. 그때 섬광처럼 '조난자들은 내
가 아니라 바로 그들이다. 내가 그들을 구해야 한다'는 생각이
떠올랐다. 이 눈부신 의식의 전환이야말로 구원의 서곡이었다.
아우슈비츠의 생존자인 오스트리아의 정신과 의사 빅터 프
랭클은 인간이 살아가는 것은 '의미에의 의지' 때문이라고 말

했다. 어쩌면 생텍쥐페리와 그는 같은 사실을 말하고 있는 것인지도 모른다. 내가 살아갈 힘은 누군가에 대해 책임지려는 마음을 통해 유입된다는 메시지는 매우 강력하다.

벨쿠르 광장 옆 노천 카페에 앉아 에스프레소 한 잔을 마시면서 아이패드에 담아가지고 간《어린왕자》를 다시 읽었다. 지금 생텍쥐페리는 어쩌면 어린왕자의 별인 소혹성 B612에 가서 바오밥나무 싹을 뽑아내고, 조그만 화산 분화구를 청소하고 있을지도 모르겠다. 아니면 해 지는 광경을 넋을 잃고 바라보고 있을지도. 느릿하게 흘러가는 광장의 시간을 즐기다가 울울한 심사를 품은 채 광장에 나앉은 내 조국의 벗들 생각에 가슴이 먹먹해졌다. 우리의 광장은 언제쯤 축제의 공간으로 바뀔수 있을까?

길들여짐에
저항하라

노트에 '길들다'라고 써놓고 가만히 들여다본다. 아련한 슬픔
이 스멀스멀 피어오른다. 무엇 때문일까? 아마도 그 단어가
환기시키는 삶의 부박함 때문일 것이다. '물건에 손질을 잘하
여 윤기가 나다', '짐승을 잘 가르쳐서 부리기가 좋게 되다'라
는 뜻의 이 단어를 삶에 대입해본다. 길든다는 것 혹은 길들여
진다는 것은 무심코 천관녀의 집으로 향하던 김유신의 말처럼
늘 다니던 길로 가려는 마음의 습속인지도 모르겠다. 길들여짐
은 편안함을 제공하지만 대신 낯선 것, 새로운 것에 대한 공포
를 불러일으킨다.

　관습이나 제도는 길들여짐이 사회화된 것이다. 그것은 시간
여행자인 인간의 가슴에 시시때때로 일어나는 일탈의 욕망을
차단하는 사회적 울타리이다. 우리 삶이 나름의 지향과 지속성
을 갖는 것은 그런 울타리 덕분이다. 하지만 제도나 관습이 그

안에 머무는 이들의 삶을 적극적으로 규제하고 가두려 한다면 문제다. 안식일 법은 생명을 살리고 삶의 근본을 돌아보라고 주어진 것이지만, 그것이 제도로 굳어졌을 때는 오히려 삶을 억압하는 기제로 작용한다. 안식일이 사람을 위해 있는 것이지 사람이 안식일을 위해 있는 것이 아니라고 하신 예수의 말씀은 박제화된 제도를 깨뜨리는 폭탄이었다.

세상에서 자기가 누릴 수 있는 것을 다 누리며 사는 이들은 이상주의자들을 길들여 현실에 순응하도록 만드는 데 능숙하다. 길들여지는 것이 비단 이것뿐이겠는가. 예언자적 음성을 거세당한 채 무기력하게 현실을 묵종하는 종교, 힘 있는 이들로부터 등 돌림을 당하지 않으려고 메시지를 왜곡하거나 자체 검열하는 종교인들, 국민으로부터 위임받은 권한을 적법하게 그리고 엄정하게 집행하기보다는 인사권자의 눈치만 보는 관료들, 정의의 수호자가 되기보다는 힘 있는 이들의 수호자가 됨으로 자기 이익을 도모하려는 법관들, 특권 의식에 젖어 국민의 충고를 '나한테 감히' 하는 태도로 퉁겨내는 부라퀴 정치인들. 이들로 인해 평화 세상, 정의로운 세상은 자꾸만 멀어지고 있다. "무릎 꿇고 사느니 서서 죽겠다"고 말했던 멕시코 혁명가 에밀리아노 사파타의 결기가 필요한 시대이다.

제도에 길들여진 사람들은 길들여진 줄도 모르고 자기에게 익숙한 방식대로 살아간다. 기존질서에 의문을 제기하지도 않는다. 제도가 지배하는 세계는 당연의 세계이기 때문이다. 하

이상은 장엄하지만 그 이상이 실현되어야 할 장으로서의 현실은 비루하기 이를 데 없다. 실패의 경험이 거듭될 때 그 장하던 이상은 현실 논리에 자리를 내주고 만다. 길들여지는 것이다. 세상에서 자기가 누릴 수 있는 것을 다 누리며 사는 이들은 이상주의자들을 길들여 현실에 순응하도록 만드는 데 능숙하다. 예언자적 음성을 거세당한 채 무기력하게 현실을 묵종하는 종교, 힘 있는 이들로부터 등 돌림을 당하지 않으려고 메시지를 왜곡하거나 자체 검열하는 종교인들, 국민으로부터 위임받은 권한을 적법하게 그리고 엄정하게 집행하기보다는 인사권자의 눈치만 보는 관료들, 정의의 수호자가 되기보다는 힘 있는 이들의 수호자가 됨으로 자기 이익을 도모하려는 법관들, 특권 의식에 젖어 국민의 충고를 '나한테 감히' 하는 태도로 통겨내는 부라퀴 정치인들. 이들로 인해 평화 세상, 정의로운 세상은 자꾸만 멀어지고 있다. "무릎 꿇고 사느니 서서 죽겠다"고 말했던 멕시코 혁명가 에밀리아노 사파타의 결기가 필요한 시대이다.

지만 당연의 세계를 낯설게 보는 이들은 있게 마련이다. 제도의 폭압을 직시하며 '아니오'라고 말하는 사람들 말이다. 산파 십브라와 부아는 히브리 여인들이 낳은 아기가 아들이거든 죽이라는 바로의 지엄한 명령을 거부했다. 차마 그럴 수 없었기 때문이다. 그들은 왕의 명령보다는 자기 가슴에 심겨진 양심의 법을 따랐던 것이다.

종교 개혁자 마르틴 루터는 제도로 변해버린 중세 교회를 향해 '아니오'라고 말했다. 권력이 그를 향해 지금까지의 모든 발언을 취소하라 했을 때 그는 단호하게 거부했다. 보름스 의회에서 한 그의 말은 살아있는 혼의 울부짖음이다.

내 양심은 하나님의 말씀에 사로잡혀 있습니다. 나는 아무것도 철회할 수 없고 또 그럴 생각도 없습니다. 왜냐하면 양심에 반해서 행하는 것은 위험하며, 불가능하기 때문입니다. 하나님이여, 저를 도우소서. 아멘.

교회를 향한 세상의 시선이 사뭇 따갑다. 어찌 보면 자업자득이라 할 수 있다. 굳어진 제도로서의 종교 말고 예수의 그 뜨거운 마음에 접속해야 할 때이다.

너를 향해 내민
손

잠포록한 날이 계속되면서 선선한 가을바람을 그리는 마음이
깊어진다. 꽤 여러 날 일상의 일들에 집중할 수가 없었다. 일을
하다가도, 사람을 만나다가도 마음은 자꾸만 광화문으로 달려
간다. 시복식이 열렸던 광장, 수많은 인파가 몰렸음에도 불구
하고 쓰레기 하나 나오지 않았던 그 감동의 광장에 지금은 말
없는 흐느낌과 억눌린 부르짖음, 그리고 날선 분노가 넘실거린
다. 그곳에서 한 사람이 삶과 죽음의 아스라한 경계 위에 서 있
었다. 아니, 이건 과거형으로 말하면 안 된다. 유민이 아빠 김
영오 씨는 세월호 참사의 원인을 밝혀달라며 40일이 넘도록
단식을 이어갔다. 그의 존재는 커다란 함성이 되어 사람들을
광장으로 부르고 있다. 그곳에 가도 할 수 있는 일은 별로 없
다. 그저 낯익은 이들과 눈인사를 나누며 함께 앉아 있다 돌아
올 뿐이다. 하지만 함께 있다는 사실이 작은 일은 아니다.

미국의 소설가인 레이먼드 카버의 《대성당》은 별로 내키지는 않지만 아내의 손님을 맞이해야 했던 한 남편의 시점에서 전개된다. 아내의 손님 로버트는 앞을 보지 못한다. 앞을 보지 못하는 낯선 손님과 시간을 보내야 한다는 사실에 그는 매우 곤혹스러워한다. 함께 할 수 있는 일이 없기 때문이다. 잠시 허튼소리를 주고받다가도 이내 할 말이 사라진다. 담배를 나눠 피우고, 술을 마시는 것도 시들해질 무렵, 무료함과 민망함을 달래보려고 텔레비전 채널을 서핑한다. 볼만한 프로그램이 없다. 어느 채널에서 세계 각 곳에 있는 대성당을 소개하고 있었다. 갑자기 호기심이 생긴 '나'는 로버트에게 묻는다. "대성당이 어떤 것인지에 대한 감이 있습니까?" 로버트는 수많은 사람이 오랜 기간에 걸쳐 만든다는 것 이외에는 아는 것이 없다고 말한다. 그의 부탁으로 '나'는 대성당의 형태에 대해 설명해보려고 노력하지만 그렇게 효과적이지는 않다. 로버트는 갑자기 좋은 생각이 떠올랐다는 듯 종이와 펜을 가져와 함께 대성당을 그려보자고 말한다. 그는 펜을 쥐고 그림을 그려나가는 '나'의 손 위에 자기 손을 얹은 채 대성당 그림을 느꼈다. 벽체, 첨탑, 아치 모양의 창문, 버팀도리, 큰 문. 그림을 그려나가는 동안 둘은 어떤 충만함을 맛본다. 이 작품은 '본다'는 사실의 본질에 대해 묻고 있다. 하지만 작품을 읽어나가는 동안 나는 엉뚱하게도 '나'의 손 위에 '너'의 손이 포개지지 않고는 대성당을 그릴 수 없다는, 거룩함은 두 존재의 만남 속에서 발생한다

로댕의 조각 작품〈대성당〉

손처럼 표정이 풍부한 게 또 있을까? 노동하는 손, 기도하는 손, 어루만지는 손, 마주잡아 친근함을 드러내는 손, 손사래를 쳐 거부감을 드러내는 손. 로댕은 서로의 아픔을 어루만지기 위해 다가서는 손이야말로 교회의 본질임을 간파했던 것일까? 누군가를 향해 내민 손은 릴케의 말대로 더 이상 자신의 출신지인 육체에 속하지 않는다. 그것은 영적인 몸짓이기 때문이다.

는 메시지를 듣는다.

우연의 일치일까? 오귀스트 로댕의 조각 작품 〈대성당〉은 마주보고 있는, 서로를 향해 기울어진 두 개의 오른손이 빚어낸 공간을 보여준다. 손처럼 표정이 풍부한 게 또 있을까? 노동하는 손, 기도하는 손, 어루만지는 손, 마주잡아 친근함을 드러내는 손, 손사래를 쳐 거부감을 드러내는 손. 로댕은 서로의 아픔을 어루만지기 위해 다가서는 손이야말로 교회의 본질임을 간파했던 것일까? 누군가를 향해 내민 손은 릴케의 말대로 더 이상 자신의 출신지인 육체에 속하지 않는다. 그것은 영적인 몸짓이기 때문이다.

고등학생들을 대상으로 한 설문조사에서 내가 위기에 빠졌을 때 국가가 구해줄 것이라고 믿느냐는 질문에 '그렇다'고 대답한 이가 고작 7.7%에 지나지 않았다는 보도는 우리 사회가 총체적인 신뢰의 위기를 겪고 있음을 단적으로 보여준다. 정치가들이나 종교인은 이것을 심각한 상황으로 받아들여야 한다. 근본을 다시 세워야 한다. 많은 사람들이 프란치스코 교황이 김영오 씨에게 다가가 손을 잡아주는 광경을 보며 깊은 감동을 느꼈다. 손을 그러쥔 채 안쓰러운 표정으로 그의 말을 경청하는 현장에서 진정한 교회가 탄생하고 있었다. "인간적 고통 앞에서 중립을 지킬 수는 없다"는 교황의 말은 성경의 핵심 메시지다. 고통 받는 이들을 외면하는 순간 정치도 종교도 여름 화로, 가을 부채 신세가 되게 마련이다.

신은 무고하게 죽임당한 아벨의 피가
땅에서부터 울부짖는 소리를 들으셨다.
억울한 이들의 피가 흐른 땅은
황무지로 변하게 마련이다.
더불어 살아가는 이들을 귀히 여기고
우는 이들과 함께 울고
웃는 이들과 함께 웃는 상식적인 사람들,
깨어있는 시민들을 기다릴 뿐이다.
저들의 희생을 망각의 강물 속에
떠내려 보내려 하는 이들은
자기들이 하나님과 맞서고 있다는 사실을
깨달아야 할 것이다.

느른해진 영혼

하나님, 착한 사람이 살기 쉬운 세상을 꿈꾸는 이들은
현실 속에서 언제나 강고한 벽에 부딪히곤 합니다.
이리와 어린 양이 함께 살고,
표범이 어린 염소와 함께 눕는 세상은
몽상가의 꿈에만 존재하는 것입니까?
상한 갈대도 꺾지 않으시고 꺼져가는 등불도 끄지 않으시는
하나님의 사랑을 믿지만,
현실은 그런 우리의 믿음이 부질없다고 자꾸만 속삭입니다.

찬 이슬을 맞으며 길 잃은 어린 양 한 마리를 찾아
산을 넘고 들을 건너는 목자는 어디에 있습니까?
정치는 당리당략에 몰두하고,
종교는 초월의 빛을 잃은 채 성공에만 탐닉합니다.
주님은 아픔의 땅으로 우리를 부르시건만,
우리는 한사코 편안한 자리만 찾습니다.

주님, 느른해진 우리 영혼을 깨우는
서늘한 가을 바람으로 임하여 주십시오.
불의한 세상과 검질기게 맞서면서도
내면이 황폐해지지 않는
새 사람들을 일으켜 세워주십시오. 아멘.

눈길 닿는 곳 어디나 /

분주함은 생을 경축하며 이웃과 더불어 살아가는 능력을 앗아간다. 분주한 사람의 표정은 점점 어두워진다. 어울림이 빚어내는 빛과 만나지 못하기 때문이다. 기쁨의 능력이 퇴화된 자리에 남는 것은 원망과 불평이다. 멋진 잔치에 초대를 받고도 함께 기뻐하지 못하는 것이 타락한 실존의 모습이다. 우리가 머물고 있는 이 땅은 하나님이 머무시는 땅이다. 주님의 세계에 초대받은 우리가 해야 할 일은 함께 기뻐하는 일이다. 느헤미야는 "하나님 앞에서 기뻐하면 힘이 생기는 법"이라고 말했다. 놀랍지 않은가?

아뜩함과 무력감은 어느 순간 우리를 성찰의 자리로 데려가 지금까지 열
중하고 있던 일들, 소중히 여기던 것들에 대해 재평가 할 것을 요구한다.
원점에서 사고하면 새로운 세계가 열린다.

아뜩함과
무력감을 넘어

신문을 보아도 뉴스를 들어도 어제의 세상과 오늘의 세상이 별반 다르지 않다. 정치인들은 서로 깎아내리고 흠집내기에 열중하고 있고, 사회 지도층 인사들의 부정부패는 다반사가 되었다. 남북한의 긴장과 대립은 해소될 줄 모르고, 자국의 이익을 극대화하기 위해 억지 부리는 강대국들의 횡포도 변함이 없다. 남을 모욕하고 부정함을 통해 자기 정당성을 확보하려는 시도는 평화를 거스르는 일이며, 반생명적인 폭거이다. 아프가니스탄에서 코란을 소각한 미군 병사는 자신이 증오의 씨앗을 뿌리고 있다는 것을 알았을까? 이런 일들을 하도 많이 겪다 보니 무슨 소식을 들어도 큰 충격을 받지 않는다. 어떤 허구도 현실을 따라가기 어렵다는 말이 실감난다.

우렁잇속 같은 현실에 너무 익숙해진 탓인가? 기막힌 소식을 들어도 우리 가슴은 반응하지 않는다. 차를 멈추고 신호가 바뀌기를 기다리다가 갑자기 백색 실명 상태에 빠지는 주제 사라마구의 소설 《눈 먼 자들의 도시》의 주인공처럼, 갑자기 길을 잃었다는 생각이 들 때가 있다. 어둠이 손짓하는 날이다. 나라는 존재도 낯설고, 바깥 세상도 낯설기 이를 데 없다. 나만 빼놓고 온 세상이 공모하여 무슨 일을 꾸미고 있는 것 같은 느낌이 든다. 아무리 애써보아도 세상은 달라지지 않더라는 부정적 경험이 축적되면 무기력에 빠지기 쉽다. 더 나은 세상을 꿈꾸며 세상의 불의함에 온 몸으로 저항하는 이들은 번번이 좌절하는 것처럼 보인다. 직선으로 들이대는 선에 비해 악은 집요하고 교활하고 미끌미끌하다. 아, 정말 어쩔 수 없는 것인가?

그런 아뜩함과 무력감은 어느 순간 우리를 성찰의 자리로 데려가 지금까지 열중하고 있던 일들, 소중히 여기던 것들에 대해 재평가 할 것을 요구한다. 원점에서 사고하면 새로운 세계가 열린다. 풀꽃 하나 속에 담긴 우주를 보고, 벗들과의 살가운 만남에서 영원의 손길을 느낀다. 바야흐로 세상이 만들어놓은 매트릭스에 틈이 생기는 순간이다. 먼빛의 눈길로 현실을 바라보는 순간 욕망의 지배력은 약화되고 내적 자유가 유입된다. 그 자유를 얻기 위해 사투를 벌였던 작가 니코스 카잔차키스의 오연한 말을 기억한다.

나는 아무 것도 바라지 않는다. 나는 아무 것도 두려워하지 않는다. 나는 자유다.

  욕망과 두려움의 지배로부터 벗어난 사람이라야 새로운 세상을 꿈꿀 수 있다. 희망은 언제나 허황해 보인다. 하지만 그 희망을 망각하지 않고 끈질기게 붙드는 이들과 더불어 새 세상이 도래한다. 불의한 재판관에게 찾아가 자기의 억울함을 풀어달라고 집요하게 요구했던 과부와 같은 이들이 하나둘 늘어난다면 희망의 나무는 커지지 않겠는가.

얼굴 하나 보러
왔지

버스 정류장에서 서성이는 사람들을 본다. 노선도를 살피는 이
도 있고, 잠시 후 도착할 버스를 알리는 전광판을 물끄러미 바
라보는 이도 있다. 퀭한 시선으로 하늘을 응시하는 이도 있고,
시선을 안으로 거두어들인 채 홀로 골똘한 생각에 잠긴 이도
있다. 한결 같이 피곤하고 무뚝뚝해 보인다. 지구를 짊어지고
있는 아틀라스처럼 어깨가 구부정하다. 시간의 무게일 터이다.
일면식도 없는 사람들이지만 안쓰러움이 밀려온다. 어쩌면 동
류의식일지도 모르겠다. 가슴에 슬픔의 지층 한 켜 없는 이가
어디 있겠는가? 시간의 켜마다 스며있는 기억으로 인해 웃기
도 하고 울기도 한다.

　함석헌 선생이 〈얼굴〉이라는 시에서 한 말이 절로 되뇌어진
다. "이 세상에 뭘 하러 왔던고? 참 얼굴 하나 보러 왔지." 그런
가? 그 얼굴을 보지 못해 우리 삶이 이렇게 무거운 것인가?

이애경 그림

참 고운 얼굴이 없어?

하나도 없단 말이냐?

그 얼굴만 보면 세상을 잊고,

그 얼굴만 보면 나를 잊고,

시간이 오는지 가는지 모르고,

밥을 먹었는지 아니 먹었는지 모르는 얼굴,

그 얼굴만 대하면 키가 하늘에 닿는 듯하고,

그 얼굴만 대하면 가슴이 큰 바다 같애,

남을 위해 주고 싶은 맘 파도처럼 일어나고,

가슴이 그저 시원한,

그저 마주앉아 바라만 보고 싶은,

참 아름다운 얼굴은 없단 말이냐?

벌써 30년도 더 된 이야기이지만 나는 거룩과 마주한 적이 있다. 첫 아이가 태어났다는 소식을 듣고 허겁지겁 달려간 병실에서 아내는 고요히 누워 있었다. 그 긴 진통의 시간 동안 곁을 지켜주지 못한 미안함과 힘겨운 시간을 견뎌준 데 대한 고마움을 담아 아내의 손을 가만히 쥐어주었다. 건네 오는 시선이 사뭇 고요했다. 얼핏 거룩함의 현존 앞에 선 듯했다. 무엇 때문이었을까? 침대에는 한 생명을 탄생시키기 위해 온전히 자기를 내놓고 마침내 고요에 이른 사람이 있었다. 해야 할 일, 하고 싶은 일을 다 내려놓은 채 오직 감사와 감격으로 현재와 마주하고 있는 이가 있었다. 자기를 잊고 또 자기를 비운 이의 내면에서 은은하게 배어나오는 그 빛은 태초의 빛과 조응하게 마련인가 보다.

　수난의 어두운 골짜기를 걷기 전, 예수는 세 제자들과 함께 높은 산에 올라가셨다. 그런데 그들이 보는 앞에서 그의 모습이 변하였다. 얼굴은 해와 같이 빛나고, 옷은 빛과 같이 희게 되었던 것이다. 그 장엄한 광경은 제자들의 가슴에 들어가 등불이 되었다. 제 아무리 세찬 바람이라 해도 꺼뜨릴 수 없는, 제 아무리 깊은 어둠이라 해도 환히 밝힐 수 있는. 하지만 그 고양된 순간은 지속될 수 없다. 그것은 어둠을 가르는 번갯불처럼 나타났다 사라지지만 우리 삶에 지울 수 없는 흔적을 남긴다. 일상은 늘 힘겹지만 그 빛과 만난 이의 얼굴에는 하늘빛이 고이게 마련이다. 오늘, 우리의 얼굴은 어떠한가?

한 걸음 속에
인생이 있다

삶이 암담하게 느껴질 때가 있다. 마치 흐르는 모래 속에 빠져 드는 것 같은 아득한 무력감, 마치 절벽 앞에 서 있는 것 같은 아스라한 공포가 밀려오면 세상은 아연 잿빛으로 변한다. 할 수 있는 일이 아무 것도 없다는 생각에 사로잡히는 순간 호기롭게 지내던 시절은 가뭇없이 스러지고 늪과 같은 시간이 시작된다. 그 계기는 다양하다. 예기치 않은 질병이나 사고, 이별의 쓰라림이나 실패가 가장 흔한 원인이지만 전혀 계기가 없는 경우도 있다, 카프카의《변신》에 나오는 게오르그 잠자처럼 어느 날 아침 갑자기 벌레로 변한 자신을 볼 수도 있는 것이다.

늪과 같은 시간을 거쳐 온 한 젊은이의 고백을 들었다. 뜻하지 않은 사고로 병상에 누워 있는 동안 그는 밤마다 찾아오는 고통과 처절하게 맞서야 했다. 어쩌면 평생 다리를 절며 지내야 할지도 모른다는 두려움도 컸다. 어느 정도 시간이 흐르자

고통은 줄어들었지만 이번에는 사람들에게 잊힐 수도 있다는 막연한 불안감이 찾아왔다. 어쩌면 그것은 시작도 끝도 없는 곳에서 찾아와 영혼을 거덜 내는 외로움이었을 것이다. 그 말을 할 때 댕돌같던 젊은이의 눈에 물기가 서렸다.

그는 어느 정도 회복되어 휠체어를 타고 복도를 지날 때면 자기를 딱하다는 듯 바라보는 사람들의 시선이 못 견디게 싫었다. 그런데 휠체어에 앉아 바라보는 세상은 이전과 달랐다. 시선이 낮아지자 크고 높은 것들이 그 존재 자체로 폭력적이라는 생각이 들었다. 마침내 목발을 짚고 걸을 수 있게 되었을 때는 휘적휘적 앞서 걸어가는 친구들이 원망스럽기도 했다. 느릿느릿 그들 뒤를 따라가는 동안 이전에는 눈에 띄지 않던 많은 것들이 눈에 들어왔다. 발걸음을 늦추자 침묵하고 있던 세상이 그에게 말을 건네 오기 시작했다. 주위의 사물들과 사람들을 다정하게 바라보자 어느 순간 무력감과 공포가 물러갔다.

예기치 않았던 사고는 그로 하여금 세상을 바라보는 시선을 바꾸게 해주었다. 자기에게 주어진 단 한 번의 생을 원망이나 투덜거림으로 보낼 수는 없다는 생각이 들었다. 하지만 삶은 여전히 무겁고 전망 또한 불투명했다. 이야기를 마친 젊은이는 망연한 시선으로 나를 바라봤다. 나는 그에게 시련이 닥쳐올 때 믿음은 우리의 버팀목이고, 우리에게 버틸 힘을 주는 마르지 않는 샘이라고 말할 수 없었다. 다만 문제의 크기에 압도당하지 말라고, 큰 바위를 옮길 힘이 없거든 그것을 잘게 부수는 연습을 하라고 말했다. 그리고 삶은 성심을 다해 내딛는 한 걸음으로 이루어진다고도 말한 것 같다. 우리가 걸어온 한 걸음 한 걸음은 우리가 시간 속에 새겨놓은 흔적일 뿐만 아니라, 우리가 어떤 사람인지를 보여주는 징표라는 말과 함께. 지금 우리가 내딛는 한 걸음, 바로 그것이 인생이 아닐까?

굿은일을
즐겨 택하자

열정적인 일단의 전도자들이 어느 도시의 옷가게 앞에 자리를
잡고는 지나가는 사람들에게 복음을 전하고 있었다. 마침 그들
앞으로 협수룩한 차림의 농부가 지나가고 있었다. 그는 메노
나이트 교파에 속한 사람이었다. 전도자 한 사람이 그를 향해
불문곡직하고 물었다. "구원 받으셨습니까?" 느닷없는 질문에
댕돌같던 농부도 당황했다. 지금까지 한 번도 그런 질문 앞에
서 본 일이 없었기 때문이다. 쭈뼛거리던 그는 전도자에게 펜
과 종이를 빌려 십 여 명의 주소를 적어 내려갔다. 대개는 그를
잘 아는 친구들이었지만 그와 사이가 좋지 않은 이들도 섞여
있었다. 이윽고 농부는 전도자에게 말했다. "내가 구원받았는
지 그들에게 물어보십시오."

　존재의 변화와 무관한 구원 체험이 과연 가능한 것일까? 존
재의 변화를 먼저 알아차리는 이들은 가까운 사람들이다. 의

몸과 마음에 밴 습속을 극복하기 위해서는 어떻게 해야 할까?

몸이 먼저 회개해야 한다.

영혼의 둔감함은 몸의 굼뜸과도 연결된다.

도하지는 않았지만 농부는 오히려 전도자에게 근본적인 질문
을 던지고 있었던 것이다. 스스로 구원받았다고 자랑하는 이들
은 많지만 삶이 고백에 미치지 못하는 이들 또한 많다. 신앙생
활이란 고백과 삶 사이의 거리를 좁혀가는 과정이다. 그 불화
와 불일치를 극복하기 위해 부단히 애를 써보지만 몸과 마음
에 밴 아비투스는 좀처럼 극복되지 않는다. '마음은 원하지만,
육신이 약하구나' 하신 말씀을 실감하며 산다.

　몸과 마음에 밴 습속을 극복하기 위해서는 어떻게 해야 할
까? 몸이 먼저 회개해야 한다. 영혼의 둔감함은 몸의 굼뜸과도
연결된다. 어떤 상황에 처하든 자기가 해야 할 일, 할 수 있는
일을 찾아내 묵묵히 감당하는 이들이 있다. 그들은 궂은일도
마다하지 않는다. 허먼 멜빌의 소설《모비딕》에 나오는 이슈마
엘은 망망한 바다를 바라보며 말한다.

　배에 오르면 난 결코 시중 받는 손님이나 선장은 되지 않을 것이
다. 오직 수고하는 선원으로 남을 것이다.

　위계질서의 보이지 않는 강요 때문에 마지못해 하는 일은
마음에 그림자를 남긴다. 반면 스스로 선택하여 하는 일은 기
쁨을 남긴다.

　로마 근교 수비아코에 있는 베네딕트 수도원 정문에는 '기
도하라 그리고 일하라 ora et labora'라는 구절이 새겨져 있다.

기도와 일이야말로 수도원 생활의 핵심인 것이다. 일의 리듬을 타고 하늘빛 고요함이 찾아들면 그 일의 현장은 가장 거룩한 성소가 된다. 나찌의 강제 수용소 출입문에는 '일이 너희를 자유롭게 할 것이다 Arbeit macht frei'라는 구절이 적혀 있다. 그럴 싸하지만 이것은 진실이 아니다. 자유가 전제되지 않은 노동에는 기쁨이 없기 때문이다.

"인자는 섬김을 받으러 온 것이 아니라 섬기러 왔다"고 말씀하신 분을 인생의 참 길이라 고백하면서도, 섬기는 일보다는 섬김 받은 일에 점점 익숙해졌다면 그것은 타락이다. 돌이킴의 시작은 궂은일을 즐겨 택하는 것이다. 바로 지금부터.

아침은 어떻게
밝아오는가?

오솔한 첫새벽 칼칼한 바람을 맞으며 사람들이 해를 기다린다. 운해 저 너머에서 솟아오를 붉은 기적을 종종거리며 기다리는 것은 시간을 새롭게 하고 싶은 염원 때문이다. 지난날의 삶이 실답지 못했음을 아프게 자각하기에 묵은 시간을 서둘러 떠나보내고 아직 비릿한 욕망에 물들지 않은 새로운 시간을 맞이하고 싶은 것이다. 박두진의 〈해〉는 그런 우리의 마음을 잘 드러내주고 있다. "해야 솟아라. 해야 솟아라/말갛게 씻은 얼굴 고운 해야 솟아라/산 넘어 산 넘어서 어둠을 살라 먹고/산 넘어 밤새도록 어둠을 살라 먹고/이글이글 앳된 얼굴 고운 해야 솟아라".

해돋이를 보기 위해 꼭 정동진에 가거나 천왕봉에 올라야 하는 것은 아니다. 밤새도록 어둠을 살라 먹고 이글이글 해가 솟아야 하는 곳은 바로 우리의 마음이기 때문이다. 만물보다

심히 부패한 것이 마음이라 하지 않던가. 그 어둠을 놔둔 채 새로운 시간을 기다리는 것은 무망한 일이다.

새벽 미명이면 온 부족 사람들이 하루도 거르지 않고 산에 오르는 부족이 있었다. 그들은 동녘 하늘을 바라보며 북을 치며 절을 올렸다. 그러다가 저 동녘 하늘이 벌겋게 물들며 해가 솟아오르면 신께서 자기들의 소원을 들어주셨다고 감격하곤 했다. 자연의 이치를 모르는 어리석은 사람들의 이야기처럼 들리는가? 그렇지 않다. 미래라는 시간은 저절로 오는 것이 아니라 주어지는 것이다. 그렇기에 선물이다. 정말 어리석은 것은 주어진 시간을 함부로 허비하는 것이다.

작은 시냇가에 엎드려 번민의 밤을 지새우던 사람 야곱을 생각한다. 칠흑같이 어두운 밤, 그는 미구에 닥쳐올지도 모를 위험을 예감하며 떨고 있다. 복수를 맹세했던 형 에서의 땅에 들어서야 한다는 두려움 때문에 날이 추운지 더운지, 배가 고픈지 부른지도 몰랐다. 주마등처럼 지나가는 기억의 편린들 속에 간간히 비치는 제 모습이 낯설기만 했다. 무엇을 위해 이렇게 발버둥치며 살아왔나? 그의 정체성을 구성하고 있던 모든 것들이 손샅을 빠져나가는 모래처럼 흩어졌다. 그 빈자리에 남은 것은 깊이를 알 수 없는 어둠이었다.

그 밤 야곱은 해체되었다. 무너지고 또 무너져 결국 '나'라는 것이 본래 없는 것임을 절감할 때 마침내 '어둔 밤'이 물러갔다. 야곱이 스러진 자리에 이스라엘이 피어났다. 브니엘에 해가 솟아올랐고 그는 마침내 그 두려워하던 형의 얼굴에서 하나님의 모습을 보았다. 새로운 시간은 이렇게 오는 것이다. 세상은 여전히 어둡지만 그 어둠 속에서 들려오는 한 소리가 있다. '빛이 있으라.' 그 소리에 공명하여 스스로 빛이 되려는 이들을 통해 아침이 밝아온다.

외로움의 영토가
넓어질 때

바람받이에 선 채 홀로 겨울바람을 맞이하고 있는 나무 곁을 지나갈 때마다 동요 하나가 떠오른다.

나무야 나무야 겨울나무야 눈 쌓인 응달에 외로이 서서 아무도 찾지 않는 추운 겨울을 바람 따라 휘파람만 불고 있느냐.

노래를 흥얼거리다 보면 가슴 가득 외로움이 사무쳐온다. 명사 앞에 붙어 하나만으로 됨을 뜻하는 접두사 '외'가 들어간 단어가 새록새록 새겨진다. 외기러기, 외짝 신발, 외돌토리, 외톨밤. 가슴 한켠이 싸해진다. 겨울이기에 이런 느낌이 더 강하다.

사람은 누구나 외롭다. 수많은 사람들과 접촉하며 살지만 나도 몰래 남도 몰래 마음에 깃든 헛헛함을 채워줄 이들은 많지 않다. 따뜻함과 친밀함을 구하는 것이 생명의 본성이지만 우리

가 일쑤 경험하는 것은 차가움과 버성김이다. 외로움에 사무친
사람이 우리 앞에 서성거릴 때에도 일이 바쁘다는 핑계로 그
를 모른 척 할 때가 많다. 거부당하고 버림받았다는 느낌이 들
때마다 외로움과 격절감은 그만큼 깊어진다.

　누구보다 맑은 시심으로 살다 간 시인 이성선을 기억한다.
그는 〈다리〉라는 시에서 다리를 건너는 사람 둘을 등장시키고
있다.

　　다리를 건너는 사람이 보이네
　　가다가 서서 잠시 먼 산을 보고
　　가다가 쉬며 또 그러네.

　참 심심한 풍경이다. 그런데 다음 연은 다른 풍경을 보여준
다.

　　얼마 후 또 한 사람이 다리를 건너네
　　빠른 걸음으로 지나서 어느새 자취도 없고
　　그가 지나고 난 다리만 혼자 허전하게 남아 있네.

　이 또한 익숙한 풍경이다. 이 시가 시가 되는 것은 마지막 연
때문이다. '다리를 빨리 지나가는 사람은 다리를 외롭게 하는
사람이네.' 시인의 마음이 읽히지 않는가?

우리가 외롭게 하는 게 어디 다리뿐이겠는가. 해야 할 일이 많다는 핑계로, 시간이 없다는 핑계로 우리는 풍경도 사람도 외롭게 하며 재빨리 이곳에서 저곳으로 이동한다. 숨을 돌리기 위해 잠시 발걸음을 멈추는 순간 외로움이 그곳에서 우리를 기다리고 있었음을 알아차리게 된다. 삶의 속도가 빨라질수록 외로움의 영토는 점점 넓어진다. '나는 외롭다'고 외치는 것은 어린왕자만이 아니다. 외로움에 지친 가슴은 늘 겨울이다. 그 겨울에 봄을 가져가는 것은 거룩한 삶을 살고자 하는 이들의 의무이다.

지금도 맞아줄 가슴을 향해 떠돌고 있는 이가 있다. 그는 알몸을 포근하게 감싸줄 이불 같은 사람을 찾고 있다. 그를 환대하는 이들은 자기들이 맞이한 것이 하늘이었음을 뒤늦게 깨닫는다. 그는 우리 가슴에 숨어 있는 선의 희미한 가능성을 부드럽게 호명하고, 또 그 가능성에 숨을 불어넣는다. 증오와 무관심으로 깨뜨릴 수 없는 새로운 세계는 그렇게 우리에게 다가온다. 그분을 외롭게 하지 말자.

문풍지가 된
사람들

길에 나서니 얼굴을 스치는 바람이 제법 차갑다. 종종걸음 치는
이들의 모습에서 어떤 조급함을 읽는다. 마음이 덩달아 스산해
진다. 의식의 비어진 틈으로 스며드는 저 찬 바람은 마땅히 해
야 할 바를 하지 못한 채 묵새기며 살아온 시간을 부끄러움으
로 일깨워준다. 순간 마종기 시인의 〈겨울기도〉가 떠오른다.

> 하나님, 추워하며 살게 하소서.
> 이불이 얇은 자의 시린 마음을
> 잊지 않게 하시고
> 돌아갈 수 있는 몇 평의 방을
> 고마워하게 하소서.

얼마나 고운 마음인가? 하지만 이 기도는 이불이 얇은 자를

찾아가는 실천으로 이어질 때 비로소 완성된다.

　문풍지 우는 소리를 들으며 긴긴 겨울밤을 보내던 때가 떠오른다. 창호문 틈으로 새드는 황소바람을 막으려고 붙여놓은 문풍지는 온몸으로 겨울바람을 견디며 그렇게 울고 있었다. 사랑방에 모인 아버지 친구들의 웃음소리가 문밖으로 번져 나오고, 어린 자식들은 모두 아랫목에 둘러앉아 이야기꽃을 피우고 있을 때도 어머니의 일은 끝나지 않았다. 대접할 것 없으니 고구마라도 삶아야 했고, 행여 가축들이 춥지 않을까 볏단을 깔아주기도 했다. 어머니는 문풍지가 되어 그렇게 겨울바람을 막아내고 계셨던 것이다.

　어둑새벽 거리는 지난밤의 향락과 도취의 흔적으로 지저분하기 이를 데 없다. 도시인의 말끔한 아침을 위해 야광천을 덧댄 옷을 입은 채 새벽거리를 쓸고 있는 환경미화원들을 본다. 바람이 불거나 비가 오거나 눈이 오거나 묵묵히 비질을 하는 그분들을 보면 마음이 숙연해진다. 혼곤한 소비의 흔적들을 수거하기 위해 청소차에 매달린 채 달려가는 이들, 화려한 도시의 불빛 저편 어둠 속에서 몸을 옹송그린 채 잠을 청하는 노숙인들을 돌보기 위해 달려가는 이들을 본다. 절망의 황소바람에 맞서며 역사 속에 온기와 웃음을 불어넣기 위해 애쓰는 이들이 있다. 문풍지로 선 그들에게서 문득 거룩함의 온기를 느낀다.

　지금 우리는 누구를 기다리는가? 굶주린 자, 목마른 자, 나그네 된 자, 헐벗은 자, 병든 자, 감옥에 갇힌 자의 모습으로 오시

는 분이 아니던가? 우정과 환대의 세상을 꿈꾸며 지금도 이 세
상에 오고 계신 분, 그분은 지금 외로우시다. 언거번거하기만
하고 내실이 없는 신앙인들 때문에 세상이 더욱 춥다. 그분은
스스로 문풍지가 되기 위해 겨울바람 앞에 서는 이들을 통해
이 땅에 오신다.

느릿느릿 살아갈
용기

괴테와 쉴러의 도시인 바이마르를 찾아가는 길은 오랜 과거와 만나는 길이었다. 질풍노도의 시기를 거치며 회의와 번민으로 생을 허비하는 것 같은 조바심이 들 때마다 괴테의 〈파우스트〉에 나오는 한 대목을 떠올리곤 했다.

사람은 노력하는 한 방황하게 마련이다.

그 말은 종작없는 방황조차 따뜻하게 감싸는 품이었다. 세상의 모든 것이 불확실하게 보일 때 "지혜로워질 용기를 가지라"고 했던 쉴러의 말은 얼마나 큰 위안인가? 그는 천성의 무기력과 심정의 비겁함이 세워둔 방해물에 대항하여 싸우기 위해서는 용기라는 에너지가 필요하다고 말했다. 일상의 쳇바퀴를 굴리다가 나도 모르는 사이에 타성에 젖어들 때마다 그 말은 혼곤한 의식을 일깨우는 장군죽비가 되곤 했다.

하지만 괴테와 쉴러의 숨결을 만나리라는 기대와 상념은 이내 긴장감으로 바뀌었다. 아우토반을 질주하는 차량의 행렬 때문이었다. 그 엄청난 속도감은 사색을 허락하지 않았다. 속도와 생각은 양립하기 어렵다. 피에르 쌍소는 세상에는 두 가지 길이 있다고 말한다. 하나는 우리에게 말을 걸어오는 참된 길이고, 다른 하나는 오직 이동 통로로서의 역할만 기대할 수 있는 길이다. 아우토반은 무뚝뚝한 표정으로 한눈팔지 말고 빨리 지나가라고 재촉하고 있었다. 그 길은 멋진 숲을 보거나 새소리를 듣기 위해 멈출 수 없는 길이었다.

괴테와 쉴러의 도시에서 보낸 반나절은 느긋했지만 베를린으로 돌아가는 길은 또다시 속도의 무게감에 압도당하는 시간이었다. 긴 여정에 지쳐 간간이 나누던 대화도 뚝 끊기자 괴테와 쉴러는 사라졌고 빨리 숙소에 돌아가 쉬고 싶다는 생각만 간절해졌다. 어느덧 어둠이 내려앉은 그루네발트 숲길에 접어들자 질주하던 차는 서서히 속도를 줄여 마치 만유하듯 천천히 달리기 시작했다. 안내자는 내 표정에 스친 의문부호를 재빨리 읽고는 그 길의 제한속도가 시속 30km라고 말했다. 숲에 살고 있는 동물들을 보호하기 위한 조치였는데, 밤 12시부터 새벽 6시까지는 일체의 차량 통행이 금지된다고도 했다. 맞은편에서 오는 차들도 희미한 전조등을 켠 채 느릿느릿 그 숲을 통과하고 있었다. 돌연 뭐라 말할 수 없는 뭉클함이 복부 깊

은 곳에서 치밀었다. '아, 이들은 이렇게 사회적 약속을 지키는
구나!'

당연한 것이 오히려 낯설게 느껴진 것은 반칙이 일상화된
곳에서 너무 오랫동안 살았기 때문일 것이다. 홀로 감동하고
있던 그때 어둑어둑한 숲길을 천천히 걷고 있는 붉은 여우 한
마리를 보았다. 몽환적 광경이었다. 그 여우는 마치 평화는 속
도를 줄이는 데서부터 시작된다고 말하는 듯했다. 모두가 속도
에 취해 날뛰는 세상에서 '지혜로워질 용기'를 가지고 느릿느
릿 살아가는 사람들이 보고 싶다.

만물의 합창에
끼어들다

바쁘기 때문일 것이다. 처리해야 할 일들이 한꺼번에 떠올라 어느 한가지에도 마음을 집중하지 못하고 있었다. 인생의 한 순간이라도 소홀히 하지 말자 다짐하지만 흐트러진 마음을 다 잡기란 여간 어려운 게 아니다. 시간과 공간조차 삼켜버리는 블랙홀 속으로 빨려 들어가는 것 같은 느낌에 소스라쳐 놀랄 때, 스페인 화가 프란시스코 고야의 그림 〈개〉가 떠올랐다.

　모래폭풍을 만난 것인지 흐르는 모래에 빠진 것인지는 알 수 없지만 개 한 마리가 목만 내놓은 채 묻혀 있다. 벗어나기 위해 안간힘을 다했겠지만 기력이 쇠진되고 만 것일까. 이윽고 개는 죽음을 예감한 듯 으늑한 시선으로 하늘을 바라본다. 마치 세상과 작별하기 전 이생의 풍경을 가슴에 새기기라도 하려는 듯. 저 멀리 검푸른 하늘이 얼핏 보이지만 세상은 온통 황톳빛이다. 프라도 미술관에서 그 그림과 만났을 때 자리를 뜰

수가 없었다. 그 개의 눈망울 속에서 고통 받는 인류를 보았기
때문이다.

슬그머니 다가와 우리를 확고히 사로잡아버리는 저 흐르는
모래의 정체는 무엇일까? 분주함이 빚어낸 우울과 염려가 아
닐까? 분주함이 신분에 대한 상징이 되어 버린 세상은 우리에
게서 공감의 능력과 경탄하는 능력을 빼앗아 갔다. 분주함을
핑계로 우리는 고통 받는 이웃들 곁을 재빨리 지나치고 만다.
그리고 가급적이면 그들을 기억에서 지우려 한다. 조금씩 붉게
물들어가는 감을 보고도 '너 참 아름답구나'라고 말하지 않고,
재재거리며 풀숲을 오가는 새를 보고도 미소를 짓고 않고, 바
람에 몸을 뒤채는 억새의 군무도 아무 생각없이 물끄러미 바
라보고 만다.

분주함은 생을 경축하며 이웃과 더불어 살아가는 능력을 앗
아간다. 분주한 사람의 표정은 점점 어두워진다. 어울림이 빚
어내는 빛과 만나지 못하기 때문이다. 기쁨의 능력이 퇴화된
자리에 남는 것은 원망과 불평이다. 멋진 잔치에 초대를 받고
도 함께 기뻐하지 못하는 것이 타락한 실존의 모습이다. 우리
가 머물고 있는 이 땅은 하나님이 머무시는 땅이다. 주님의 세
계에 초대받은 우리가 해야 할 일은 함께 기뻐하는 일이다. 느
헤미야는 "하나님 앞에서 기뻐하면 힘이 생기는 법"이라고 말
했다. 놀랍지 않은가?

불필요한 일은 줄이는 게 상책이지만, 마땅히 해야 할 일이

라면 툴툴거리기 보다는 그 일을 덥석 부둥켜안는 게 지혜이다. '요구받았다'는 사실을 감사하게 받아들일 때 그 일은 돌연 가벼워진다. 사람은 그가 응답해야 하는 요구의 술어로만 이해될 수 있다지 않던가. 산을 옮기는 믿음은 다른 게 아니다. 내가 움직이면 산도 움직인다. 이 가을날 만물의 합창에 슬며시 끼어보면 어떨까.

목기에 파인
비늘처럼

하늘이 열리던 날, 땅도 열렸다. 상서로운 건들바람이 불어오자 마치 대지가 기지개를 펴듯 여기저기서 푸른 움이 돋아났다. 아스라한 허공 저편에서 우련한 빛이 새어나오면서 해와 달과 별이 탄생했다. 그리고 앞서거니 뒤서거니 동물들이 등장하면서 물과 뭍과 대기는 생기로 충만했다. 아름다운 세상이었다. 오죽하면 생기의 주인이신 분이 '참 좋다' 하셨을까. 우리도 가끔은 이런 경탄을 내뱉을 때가 있다. 지리멸렬한 일상의 자리를 떠나 무구한 자연 앞에 섰을 때, 그래서 나를 잊을 때가 바로 그때이다.

벌거벗은 남자와 여자가 등장하고 그들이 서로를 경이의 눈으로 바라보며 '그대는 내 뼈 중의 뼈요, 살 중의 살'이라 고백할 때 온 우주가 방싯 웃었다. 하지만 어느 순간 혼돈이 돌아왔다. 꿈꾸는 순수의 시대가 지나고 고단한 실존이 시작되었다.

분별하는 마음이 자리잡자 대지는 웃음을 거두었고, 서로에 대한 경계심이 깊어갔다. 의구심과 질투는 가장 가까운 이들조차도 갈라놓았다. 삶은 더 이상 축제가 되지 않았다. 지배를 향한 욕망은 폭력을 낳았고, 폭력은 전쟁으로 비화되기 일쑤였다. 인간이 창조한 세상에서 안식을 누리기란 여간 어려운 일이 아니다. 젊은 시절, 잿빛 생활에 지쳐 허덕일 때마다 '삶은 의미 없고 안식 없었네'라는 노래에 마음을 담곤 했다.

돌이킬 수 있을까? 과도한 욕망의 분탕질로 인해 거덜 난 세상, 기후 변화로 몸살을 앓고 있는 세상이 다시금 회복될 수 있을까? 대기와 대양의 흐름이 바뀌고 수억 년 동안 평형을 유지해오던 생태계가 뒤틀리고 있는 이 세상을 바로잡을 수 있을까? 너무 늦은 것은 아닐까? 그럴지도 모른다. 그렇다고 하여 손을 놓고 있는 것은 불신앙이다. 흐름을 온전히 되돌릴 수는 없다 해도 그 흐름을 저지하기 위해 몸부림이라도 쳐야 한다. 유다인들은 '티쿤 올람', 즉 망가진 세상을 고치시는 하나님의 일에 동참하는 것은 믿는 이들의 마땅한 의무라고 가르친다. 할 수 있어서가 아니라, 해야 하기에 할 뿐인 것이다.

무위당 장일순 선생이 어느 날 아내에게 작은 선물을 하면서 이런 편지를 덧붙였다 한다.

오늘 보니까 피나무로 만든 목기가 있어 들고 왔어요. 마음에 드실지. 이 목기가 겉에 수없이 파인 비늘을 통해 목기가 되었듯이 당신 또한 수많은 고통을 넘기며 한 그릇을 이루어가는 것 같아요.

이 글을 본 뒤로는 내 서가에 놓인 작은 목기를 범상하게 대할 수 없었다. 비늘 하나하나에 담긴 장인의 수고가 떠오르기 때문이다. 오늘 우리가 선택하는 삶은 비늘 하나 만드는 것에 지나지 않을지 모르지만, 전체를 아우르는 하늘의 저 위대한 장인은 그 비늘로 새로운 그릇을 만드시지 않을까? 새 하늘과 새 땅은 그렇게 열리는 것이다.

마음에 등불 하나
밝히면

분주함이 신분의 상징처럼 인식되는 시대이다. 저녁이 되어 그
날의 일들을 톺아보면 딱히 한 일도 없는 것 같아 마음이 허전
하고 스산해진다. 진동한동 지내지만 의식은 변화의 속도를 따
라잡지 못하고, 그 시차로 말미암아 의식은 분열 일보직전이
다. 재독 철학자인 한병철 교수는 현대사회를 '피로사회'라고
규정했다. 성공적 인간이라는 이상에 유혹당한 사람들이 과도
할 정도로 자신을 몰아붙이며 착취하고 있다는 것이다. 사람
들이 저마다 스펙 쌓기에 몰두하고 있는 사회, 성과를 통해 사
람의 가치를 평가하는 사회에서 개인은 소진되고 마모될 수
밖에 없다. 그 결과가 만성적 피로, 우울증 등 신경성 질환의
증가이다.

벗어날 길은 없는 것일까? 있다. 욕망의 허구성에 대해 눈을
뜨면 된다. 어린 시절, 어른들에게 밤길을 가다가 도깨비를 만

나 씨름을 한 이야기를 듣곤 했다. 도깨비 소굴로 잡혀가지 않
으려고 사력을 다했지만 기력이 소진되어 포기하려는 찰나 새
벽 닭 울음소리가 들려왔고, 도깨비가 황급히 달아났다는 것이
다. 정신이 돌아와 주위를 둘러보니 자기 옆에 피 묻은 싸리비
가 놓여 있었다고 한다. 다소 허한 결말이다. 하지만 곰곰이 생
각해보니 참 절묘하다.

우리가 죽기살기로 매달리고 있는 대상이 겨우 싸리비에 지
나지 않는다는 것, 그리고 그것을 깨닫게 된 때는 새벽 닭 울음
소리가 들려오고 여명이 밝아오는 때였다는 것이 아닌가. 어쩌
면 이런 것인지도 모르겠다. 우리를 붙들고 놓아주지 않는 것,
아니 우리가 차마 놓을 수 없다고 생각하고 있는 것이 사실은
하찮은 것일 수도 있다. 마음에 등불 하나 밝히면 과도한 욕망
에 바탕을 둔 행복의 꿈이 환상임을 깨닫게 된다.

대기업에 근무하는 교우 한 분이 요즘 심각한 고민에 빠졌
다. 진급할 때가 되었는데, 진급을 수용할 것인지 말 것인지를
결정해야 하기 때문이다. 그는 진급을 하면 이익 창출을 최우
선의 가치로 여기는 회사의 논리에 저항할 가능성이 줄어들지
도 모른다고 우려하고 있었다. 그는 동화되기를 거부하는 사람
이었던 것이다. 어느 날 교회 전면에 붙어있는 배너에 새겨진
'생명'이라는 단어가 가슴에 들어온 후, 그는 이윤 창출이라는
자본의 욕망에 복무하던 삶에서 벗어났다. 회사가 생산하는 제
품을 생명이라는 관점에서 바라보고, 또 그 가치를 구현하도록

연구자들에게 요구하기 시작한 것이다. 그가 시작한 혁명은 현재진행형이다.

회사 안에서 작은 혁명을 시작한 교우에게 뒤늦게나마 시편 한 구절을 읽어주고 싶다.

우리가 걷는 길이 주님께서 기뻐하시는 길이면, 우리의 발걸음을 주님께서 지켜 주시고, 어쩌다 비틀거려도 주님께서 우리의 손을 잡아 주시니, 넘어지지 않는다(시편 37:23-24).

마음에 핀
꽃

삶의 특색은 '마주함'에 있다. 마주함의 양상을 일러 관계라 한다. 인간관계의 아름다움은 배려에 있다. 배려는 마주 선 이를 위해 마음을 쓰는 것, 곧 제멋대로 하지 않음이다. 배려심이 많은 사람이 있는 곳은 평화롭다. 반면 매사에 자기중심적인 태도로 일관하는 사람은 불화를 일으킨다. 세월이 가도 자기중심성에서 벗어날 줄 모르는 이들이 많다. 나이에 걸맞지 않게 영혼이 미성숙한 이들이다. 세월이 가도 자아의 한계에 갇혀 이웃을 향해 한 걸음도 내딛지 않는 이들을 보며 '원판 불변의 법칙'을 주장하는 이들이 있다. 사람의 본바탕은 바뀌지 않는다는 것이다.

웃자고 하는 말이겠지만 씁쓸하다. 막무가내로 자기 잇속을 챙기는 사람들, 앞뒤 가리지 않고 뱃성을 내서 주변 사람들의 마음을 싸하게 만드는 사람들을 볼 때마다, 타고난 기질을 바꿀 수 없다는 생각에 굴복하고 싶은 생각이 들기도 한다. 하지만 이내 마음을 고쳐먹는다. 정말 그런 거라면 교육이 무슨 소용이 있으며 종교는 또 무엇이란 말인가? 사람은 변화될 수 있다. 인간 존재는 인간 되어감이라 하지 않던가. 인간의 인간다움은 변화를 향해 열려 있을 때 발현된다.

변화에 이르는 길은 두 가지다. 하나는 치열한 자기 성찰이다. 자기 마음과 행동을 살피고 또 살펴 몸과 마음에 더께로 앉은 때를 닦고, 어지럽게 흩어진 마음을 가지런히 하려고 노력할 때 변화의 단초가 마련된다. 어떤 이는 이것을 일러 마음공부라 하고 또 어떤 이는 마음의 버릇 들이기라 한다. 수신 혹은 수양이라 할 수도 있겠다.

다른 하나는 외부의 도움이나 충격이다. 실존의 한계상황에 직면했을 때 사람은 자기의 삶을 돌아보게 된다. 죄책, 투쟁, 고난, 죽음 등은 안온한 일상에 균열을 일으켜 우리 삶을 근본에서부터 다시 돌아보게 만든다. 한계상황은 때로 우리 삶을 본래적인 자리로 밀어 올리는 도약대가 되기도 한다. 그 아스라한 허공에서 경험하는 것이 은총이다. 이때 본을 보여주고 감화를 일으키는 스승이 있다면 더할 나위 없이 좋다.

여러 해 전 두 차례의 뇌수술을 받았던 교우 한 분은 수술에서 깨어난 후 지나가는 사람들 모두에게 절을 하고 싶었다고 말한다. 병에서 회복되고 나서야 인생이 고마운 것임을 깨달았다는 것이다. 이후에 그는 유머러스하지만 말 수는 적은 사람이 되었고, 그의 주변에는 늘 평화의 기운이 감돌았다. 그러던 그가 또 쓰러졌다. 다들 이번에는 어렵겠다고 말했지만 그는 또 다시 깨어났다. 아직 언어가 회복되지 않아 의사소통이 임의롭지는 않다. 병실에 찾아가 펜을 손에 쥐어드리자 그는 알파벳으로 'CHRIST크라이스트'라고 쓰고 또 썼다. 그리스도는 그의 가슴에 핀 꽃이었다. 봄의 들머리에서 우리 마음에도 꽃이 피어나면 좋겠다.

얼굴빛 환한 사람

하나님, 얼굴빛 환한 사람을 만나기가
어찌 이리도 힘이 든지요?
그 얼굴만 바라보면 세상 시름을 잊게 만드는 얼굴,
그 얼굴만 바라보면 거룩한 삶에 대한 열망이 솟구치는
그런 얼굴과 만나고 싶습니다.
누구를 대하든 마치 그가 세상에 유일한 사람인 것처럼
정성을 다하는 사람과 만나고 싶습니다.
우리 삶이 힘겨운 것은
그런 만남을 경험하지 못하기 때문인 것 같습니다.
예수님을 얼굴로 대면했던 이들이 부럽습니다.
어부들은 그 얼굴과 만나는 순간
모든 것을 버리고 새로운 삶을 시작할 수 있었습니다.
삭개오는 그 얼굴과 만나는 순간 자기가 애착하던
모든 것을 내려놓고 참 사람이 되었습니다.
주님, 무더위 때문이 아니라 아름다움과 거룩함,
맑음과 깊음과 접속하지 못해 우리는 지쳤습니다.
주님, 입추를 지나 처서를 향해 가는 이 계절에
새롭고 청신한 기운을 우리 속에 불어 넣어주십시오. 아멘.